だいたいで楽しい韓国語入門
使える文法

山崎玲美奈 著

SANSHUSHA

はじめに

　本書は、韓国語を初めて習う人、あるいはハングルはなんとなく読めるけれど、簡単なフレーズをいくつか知っている程度という人向けの入門書です。「目指すは上級！」というわけではなくても「最低限知っていた方が良いことは、さらっと知っておきたいな」という気楽なスタンスで始めてみたい人に特におススメしたい1冊です。難易度はタイトルにある通り「だいたいで楽しい」レベルを目指し、細かな文法説明は極力避け、本当に必要な項目だけを解説しています。文法は苦手という方も、気軽に始めてみてください。

　ハングルはまだ読めないという方はSTEP1から、ハングルは大体読めるという方はSTEP2から始めてください。STEP1が終わった段階で、読み方がうろ覚えでもルビを参考にしながら読み進めてみましょう。

　まずは、各課の1ページ目の「これだけ」を読み、すぐに練習問題を解いてみましょう。ヒントを参考に解き、2度目、3度目と繰り返す際は、ヒントを見ないで解いてみてください。ＣＤも利用して、実際の発音も確認しましょう。短い文ばかりなので、ＣＤの音声に続いて発音してみる練習も繰り返し行ってください。なんとなくわかったら、2ページ目、3ページ目と進んでください。4ページ目には「＋α」として関連項目の補足説明をしています。余裕があれば試してみましょう。

　このほか、韓国語文法の難所がわかる「散策マップ」、目標を書き込める「マイ計画表」、時間がない時や、復習用に「カード」も収録しています。この「カード」は、持ち歩いても、寝転びながらでも見ることができるので、ぜひ活用してください。

　外国語を勉強するというと、「難しい」印象が先立ち、始める前から気が重くなってしまうこともあるかもしれません。ですが、ここでは「できるようになる楽しさ」を優先して気楽に「だいたい」わかった自分をほめながら、ゆっくりのんびりやってみましょう。

山崎玲美奈

本書の使い方

本書は、ひと通り最後まで できるように配慮しました。
① 「これだけ」の内容で、下の問題が解けるようになっています。
② 「もっと」の内容で、次のページの問題が解けるようになっています。
③ 余力のある方は「+α」も読んでみてください。
④ 5課ごとに「まとめのドリル」があります。力試しにお使いください。
⑤ 「まとめ」は、持ち歩けるように、巻末にカードとしてまとめました。
　本書付属 CD は、🔊 マークのついた個所の韓国語を収録しています。
（1～5課と29課30課は発音例、 6～28課はキーフレーズと「これだけ」「問題の答え」「もっと1」「もっと2」、まとめのドリル）

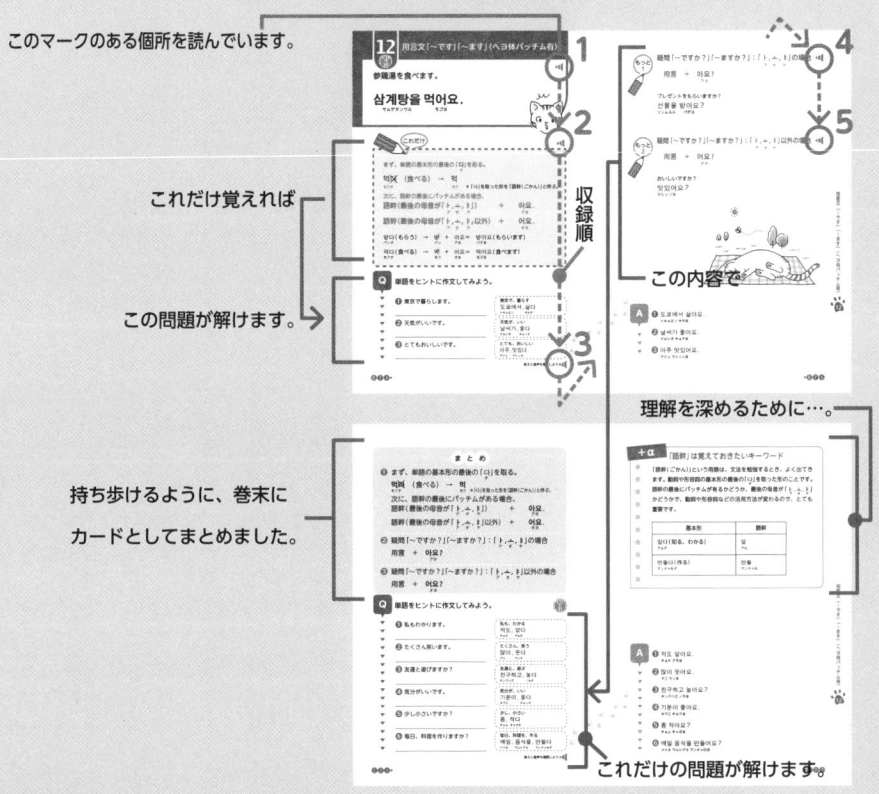

このマークのある個所を読んでいます。

これだけ覚えれば

この問題が解けます。

収録順

この内容で

理解を深めるために…。

持ち歩けるように、巻末に
カードとしてまとめました。

これだけの問題が解けます。

もくじ

韓国語文法散策マップ ……………………………………………… 4
本書の使い方 ………………………………………………………… 6
夢をかなえる マイ計画表 ………………………………………… 12

STEP1

1. 韓国語の文字 …………………………………………………… 16
2. 母音 ……………………………………………………………… 18
3. 鼻音、流音、パッチムその1 ………………………………… 22
4. 平音 ……………………………………………………………… 26
5. 激音、濃音、パッチムその2 ………………………………… 32

まとめのドリル1 ………………………………………… 42
コラム① …………………………………………………… 44

STEP2

6. 用言の丁寧形① ………………………………………………… 46
   友達です。
   친구예요.
7. 用言の丁寧形② ………………………………………………… 50
   韓国語の先生でいらっしゃいます。
   한국어 선생이세요.

8 否定その1「〜ではありません」································· 54
土曜日ではありません。
토요일이 아니에요.

9 存在詞文 ·· 58
韓国に友達がいます。
한국에 친구가 있어요.

10 助詞「は」「が」「を」「へ」「で」···································· 62
ここは何がおいしいですか？
여기는 뭐가 맛있어요?

まとめのドリル2 ·· 66
コラム② ·· 68

STEP3

11 助詞「で」「に」「から」·· 70
ホテルのロビーで会いましょう。
호텔 로비에서 만나요.

12 用言文「〜です」「〜ます」（ヘヨ体パッチム有）············· 74
参鶏湯を食べます。
삼계탕을 먹어요.

13 用言文「〜です」「〜ます」（ヘヨ体パッチム無）············· 78
マッコリを飲みます。
막걸리를 마셔요.

14 用言文「〜です」「〜ます」（ハムニダ体）······················ 82
ありがとうございます。
감사합니다.

15 否定その２「〜しません」……………………… 86
私は食べません。
저는 안 먹어요.

まとめのドリル３ ……………………………………… 90
コラム③ ………………………………………………… 92

STEP4

16 希望 …………………………………………………… 94
おいしいものが食べたいです。
맛있는 것을 먹고 싶어요.

17 「〜が好きです」 ……………………………………… 98
柚子茶が好きです。
유자차를 좋아해요.

18 疑問詞 ………………………………………………… 102
次は、いつ来ますか？
다음에 언제 와요？

19 漢数詞 ………………………………………………… 106
私の誕生日は５月10日です。
제 생일은 5월 10일이에요.

20 固有数詞 ……………………………………………… 110
これ、１つください。
이거 하나 주세요.

まとめのドリル４ ……………………………………… 114
コラム④ ………………………………………………… 116

STEP5

21 尊敬形 ··· 118
またいらしてください。
또 오세요.

22 尊敬語 ··· 122
今、いらっしゃいません。
지금 안 계세요.

23 過去形(ヘヨ体パッチム有) ·· 126
プレゼントをもらいました。
선물을 받았어요.

24 過去形(ヘヨ体パッチム無) ·· 130
私も見ました。
저도 봤어요.

25 依頼 ··· 134
写真を撮ってください。
사진을 찍어 주세요.

まとめのドリル5 ·· 138
コラム⑤ ··· 140

STEP6

26 変格活用その1「ㄹ」(リウル)と「으」(ウ) ……………… 142
ご存知ですか？
아세요?

27 変格活用その2「ㅂ」(ピウプ)と「ㄷ」(ティグッ) ……………… 146
とても難しいです。
아주 어려워요.

28 変格活用その3「르」(ル)と「ㅅ」(シオッ) ……………… 150
何もわかりません。
아무것도 몰라요.

29 発音変化その1 ……………………………… 154
30 発音変化その2 ……………………………… 158

まとめのドリル6 ……………………………… 162
コラム⑥ ……………………………… 164

基本単語 ……………………………… 166
おさぼりカード ……………………………… 173

夢をかなえる  マイ計画表

空欄に目標を書き込んで、
自分だけの計画表をつくろう。

STEP5 → 21
22
23

買い物をする

20
19

STEP4 → 16
17
18

15
14
13
12

がんばるぞ！

スタート

STEP1 → 1
2
3
4
5

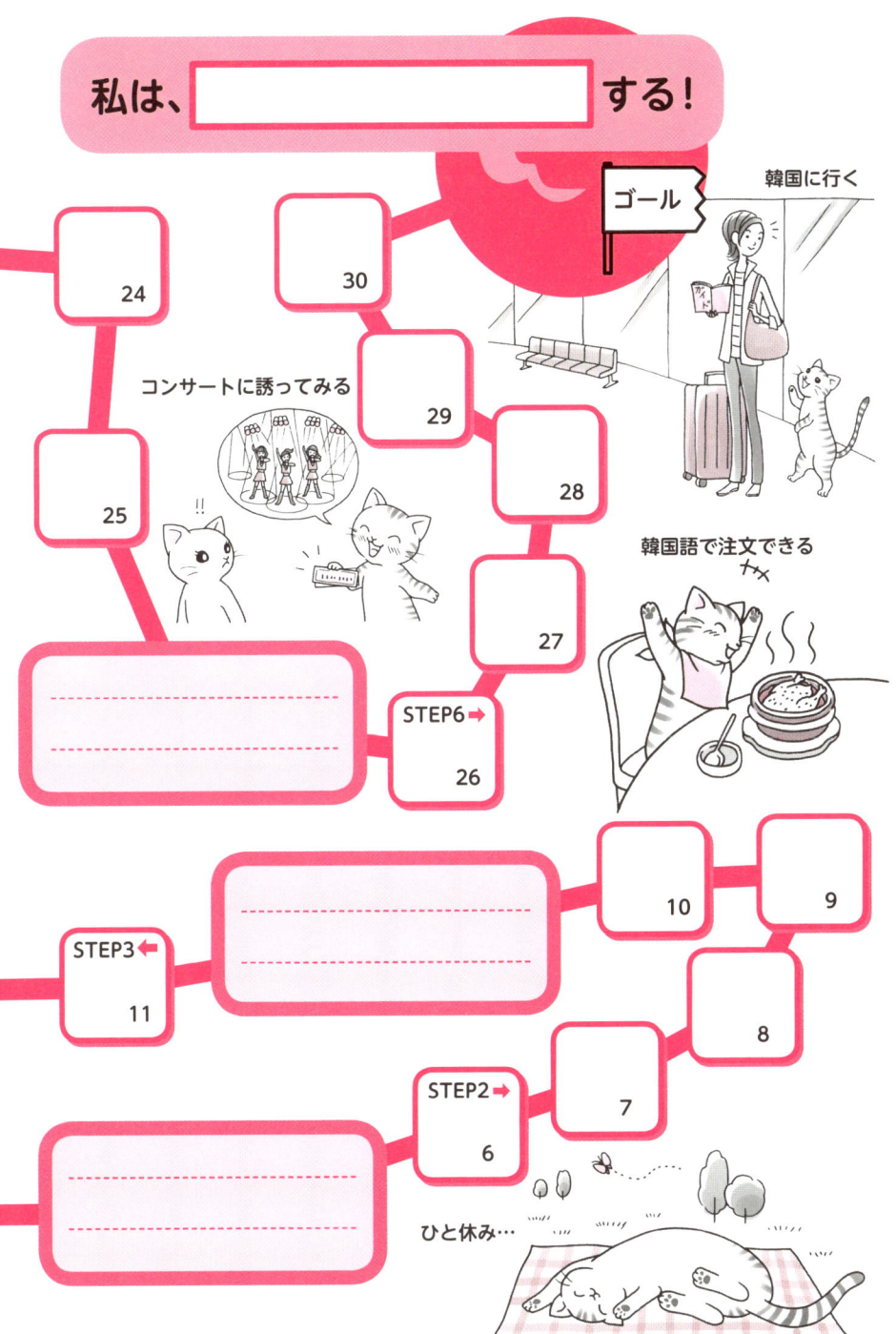

STEP 1

1 韓国語の文字

■ ハングル

韓国語で使われる文字のことを、「ハングル」と呼びます。ハングルは、子音と母音を組み合わせて1文字にします。子音には、「ㄱ」[k]、「ㄴ」[n] などがあり、母音には「ㅏ」[a]、「ㅗ」[o] などがあります。([ ] 内は発音)

❶ 子音＋母音
❷ 子音＋母音＋子音

母音は1つ目の子音の右か下に置き、2つ目の子音はその下に置きます。

① 子音＋母音

・母音が子音の右に来る文字　　・母音が子音の下に来る文字

ㄴㅏ → 나　　　　　　ㄴㅗ → 노
　　　　[na]　　　　　　　　　　[no]

② 子音＋母音＋子音

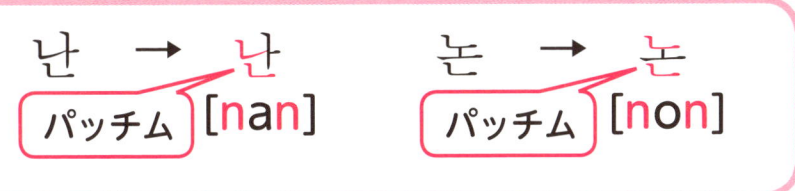

最初の子音を「初声（しょせい）」、母音を「中声（ちゅうせい）」、②のパターンの最後の子音のことを「終声（しゅうせい）」といいます。この終声の位置に書かれる子音字母のことを「パッチム」ともいいます。パッチムという名前は、この後、よく出てきますので、覚えておくと便利です。

なお、「ハングル」は、「ひらがな」「カタカナ」のような文字の名前ですので、「ハングル語」や「ハングルが話せるようになる」と言うと、「カタカナを話せるようになる」と言うのと同じくらい、おかしな意味になってしまいます。文字の名前ですので、「ハングルが書ける」「ハングルが読めるようになる」というのは、正しい使い方です。

2 母音

■ 口を縦に開ける母音

この4つの母音は、日本語の「ア、ヤ、オ、ヨ」より、口を縦に開けて発音します。

아	야	어	여
ア	ヤ	オ	ヨ

母音だけを表すときは、音がないことを表す子音の「ㅇ」を添えて表記します。

発音しながら書いてみよう。

아 ア	아	아	아		
야 ヤ	야	야	야		
어 オ	어	어	어		
여 ヨ	여	여	여		

018

■ 口を丸める母音

この４つの母音は、唇を丸くすぼめて発音します。

오	요	우	유
オ	ヨ	ウ	ユ

発音しながら書いてみよう。

오 オ	오	오	오		
요 ヨ	요	요	요		
우 ウ	우	우	우		
유 ユ	유	유	유		

■ 口を横に引く母音

この４つの母音は、口を横に引いて発音します。

으	이
ウ	イ

発音しながら書いてみよう。

으 ウ	으	으	으		
이 イ	이	이	이		

■ 合成母音「エ」「イェ」「エ」「イェ」

애	애	에	예
エ	イェ	エ	イェ

「애」と「에」、「애」と「예」の発音は現在はほとんど区別されませんが、書くときは区別します。

発音しながら書いてみよう。

애 (エ)	애	애	애		
애 (イェ)	애	애	애		
에 (エ)	에	에	에		
예 (イェ)	예	예	예		

● 合成母音「ワ」「ウェ」「ウォ」「ウィ」「ウイ」

와	왜	외	워	웨	위	의
ワ	ウェ	ウェ	ウォ	ウェ	ウィ	ウイ

複数の母音を組み合わせた母音です。まず「ウェ」と読む母音が3つあることを覚えてしまいましょう。それ以外は「ㅜ」+「ㅓ」だから「ウォ」のように、母音を1つずつ読めば大丈夫です。

発音しながら書いてみよう。

3 鼻音、流音、パッチムその1

■ 鼻音と流音（りゅうおん）「ㅁ」「ㄴ」「ㄹ」

「ㅁ」は日本語のマ行、「ㄴ」は日本語のナ行、「ㄹ」は日本語のラ行とほぼ同じ音です。これらの子音と母音を組み合わせて「마」「나」「라」のような文字をつくります。

> ㅁ　ㄴ　ㄹ

発音しながら書いてみよう。

마 マ	마	마	마		
먀 ミャ	먀	먀	먀		
머 モ	머	머	머		
며 ミョ	며	며	며		
모 モ	모	모	모		
묘 ミョ	묘	묘	묘		
무 ム	무	무	무		
뮤 ミュ	뮤	뮤	뮤		

鼻音、流音、パッチムその1

므 ム	므	므	므		
미 ミ	미	미	미		

나 ナ	나	나	나		
냐 ニャ	냐	냐	냐		
너 ノ	너	너	너		
녀 ニョ	녀	녀	녀		
노 ノ	노	노	노		
뇨 ニョ	뇨	뇨	뇨		
누 ヌ	누	누	누		
뉴 ニュ	뉴	뉴	뉴		
느 ヌ	느	느	느		
니 ニ	니	니	니		

라 ラ	라	라	라		
랴 リャ	랴	랴	랴		
러 リ	러	러	러		
려 リョ	려	려	려		
로 ロ	로	로	로		
료 リョ	료	료	료		
루 ル	루	루	루		
류 リュ	류	류	류		
르 ル	르	르	르		
리 リ	리	리	리		

■ パッチムその1

子音＋母音＋子音のように、文字の下につく、2つ目の子音のことを終声（しゅうせい）といいます。この2つ目の子音を「パッチム」とも呼びます。

パッチム		発音	「아」＋パッチム
ㅁ	m	「パンも」の「ん」とほぼ同じ。唇をしっかり閉じる。	암
ㄴ	n	「パンに」の「ん」とほぼ同じ。	안
ㅇ	ng	「パンが」の「ん」とほぼ同じ。パッチムの時は [ng] の音を表す。	앙
ㄹ	l	「ある」の「る」とほぼ同じ。最後の母音を発音しない。	알

（[ ] 内は発音）

発音しながら書いてみよう。

암 アム
안 アン
앙 アン
알 アル

남 ナム
난 ナン
낭 ナン
날 ナル

맘 マム
만 マン
망 マン
말 マル

람 ラム
란 ラン
랑 ラン
랄 ラル

鼻音、流音、パッチムその1

4 平音

🔖 平音（へいおん）

ここで学習する5つの子音を「平音」と呼びます。「ㅂ」は日本語のパ行、「ㄷ」は日本語のタ、テ、トの子音とほぼ同じ音です。「ㄱ」はカ行、「ㅈ」はチャ行、「ㅅ」はサ行の子音とほぼ同じ音です。「ㅂ」「ㄷ」「ㄱ」「ㅈ」は語の初めに来たときは濁らない音で発音しますが、語の中に出てきたときは濁らせて発音します。「ㅅ」だけは、濁らせません。

ㅂ　ㄷ　ㄱ　ㅈ　ㅅ

※「ㅈ」と「ㅈ」は書体が違うだけで同じ文字です。

	語の初めに来たとき	語の中に出てきたとき
ㅂ	パ行の子音とほぼ同じ。	バ行の子音とほぼ同じ。
ㄷ	タ、テ、トの子音とほぼ同じ。	ダ、デ、ド行の子音とほぼ同じ。
ㄱ	カ行の子音とほぼ同じ。	ガ行の子音とほぼ同じ。
ㅈ	チャ行の子音とほぼ同じ。	ジャ行の子音とほぼ同じ。
ㅅ	サ行の子音とほぼ同じ。	

発音しながら書いてみよう。

바 パ	바	바	바		
뱌 ピャ	뱌	뱌	뱌		
버 ポ	버	버	버		
벼 ピョ	벼	벼	벼		
보 ポ	보	보	보		
뵤 ピョ	뵤	뵤	뵤		
부 プ	부	부	부		
뷰 ピュ	뷰	뷰	뷰		
브 プ	브	브	브		
비 ピ	비	비	비		

平音

다 タ	다	다	다		
댜 テャ	댜	댜	댜		
더 ト	더	더	더		
뎌 テョ	뎌	뎌	뎌		
도 ト	도	도	도		
됴 トョ	됴	됴	됴		
두 トゥ	두	두	두		
듀 テュ	듀	듀	듀		
드 トゥ	드	드	드		
디 ティ	디	디	디		

가 カ	가	가	가		
갸 キャ	갸	갸	갸		
거 コ	거	거	거		
겨 キョ	겨	겨	겨		
고 コ	고	고	고		
교 キョ	교	교	교		
구 ク	구	구	구		
규 キュ	규	규	규		
그 ク	그	그	그		
기 キ	기	기	기		

平音 4

자 チャ	자	자	자		
쟈 チャ	쟈	쟈	쟈		
저 チョ	저	저	저		
져 チョ	져	져	져		
조 チョ	조	조	조		
죠 チョ	죠	죠	죠		
주 チュ	주	주	주		
쥬 チュ	쥬	쥬	쥬		
즈 チュ	즈	즈	즈		
지 チ	지	지	지		

사 サ	사	사	사		
샤 シャ	샤	샤	샤		
서 ソ	서	서	서		
셔 ショ	셔	셔	셔		
소 ソ	소	소	소		
쇼 ショ	쇼	쇼	쇼		
수 ス	수	수	수		
슈 シュ	슈	슈	슈		
스 ス	스	스	스		
시 シ	시	시	시		

平音 4

5 激音、濃音、パッチムその2

CD 05

■ 激音（げきおん）

ここで学習する5つの子音を「激音」と呼びます。息を激しく出しながら発音します。「ㅎ」は日本語のハ行とほぼ同じ発音です。これらはどこにあっても、同じ音で発音します。

	ㅍ	ㅌ	ㅋ	ㅊ	ㅎ
	↑	↑	↑	↑	
対応している平音	ㅂ	ㄷ	ㄱ	ㅈ	

発音しながら書いてみよう。

파 パ	파	파	파		
퍄 ピャ	퍄	퍄	퍄		
퍼 ポ	퍼	퍼	퍼		
펴 ピョ	펴	펴	펴		
포 ポ	포	포	포		
표 ピョ	표	표	표		
푸 プ	푸	푸	푸		
퓨 ピュ	퓨	퓨	퓨		

프 プ	프	프	프		
피 ピ	피	피	피		
타 タ	타	타	타		
탸 テャ	탸	탸	탸		
터 ト	터	터	터		
텨 トョ	텨	텨	텨		
토 ト	토	토	토		
툐 トョ	툐	툐	툐		
투 トゥ	투	투	투		
튜 トュ	튜	튜	튜		
트 トゥ	트	트	트		
티 ティ	티	티	티		
카 カ	카	카	카		
캬 キャ	캬	캬	캬		

激音、濃音、パッチムその2

5

커 ㅋ	커	커	커		
켜 ㅋㅛ	켜	켜	켜		
코 ㅋ	코	코	코		
쿄 ㅋㅛ	쿄	쿄	쿄		
쿠 ㅋ	쿠	쿠	쿠		
큐 ㅋㅠ	큐	큐	큐		
크 ㅋ	크	크	크		
키 ㅋ	키	키	키		
차 チャ	차	차	차		
챠 チャ	챠	챠	챠		
처 チョ	처	처	처		
쳐 チョ	쳐	쳐	쳐		
초 チョ	초	초	초		
쵸 チョ	쵸	쵸	쵸		

추 チュ	추	추	추		
츄 チュ	츄	츄	츄		
츠 チュ	츠	츠	츠		
치 チ	치	치	치		
하 ハ	하	하	하		
햐 ヒャ	햐	햐	햐		
허 ホ	허	허	허		
혀 ヒョ	혀	혀	혀		
호 ホ	호	호	호		
효 ヒョ	효	효	효		
후 フ	후	후	후		
휴 ヒュ	휴	휴	휴		
흐 フ	흐	흐	흐		
히 ヒ	히	히	히		

激音、濃音、パッチムその2

🔴 濃音

ここで学習する5つの子音を「濃音」と呼びます。前に小さな「っ」を入れる
つもりで発音します。これらはどこにあっても、同じ音で発音します。

	ㅃ	ㄸ	ㄲ	ㅉ	ㅆ
	↑	↑	↑	↑	↑
対応している平音	ㅂ	ㄷ	ㄱ	ㅈ	ㅅ

発音しながら書いてみよう。

빠 ッパ	빠	빠	빠		
뺘 ッピャ	뺘	뺘	뺘		
뻬 ッポ	뻬	뻬	뻬		
뼤 ッピョ	뼤	뼤	뼤		
뽀 ッポ	뽀	뽀	뽀		
뾰 ッピョ	뾰	뾰	뾰		
뿌 ップ	뿌	뿌	뿌		
쀼 ッピュ	쀼	쀼	쀼		
쁘 ップ	쁘	쁘	쁘		
삐 ッピ	삐	삐	삐		

따 ッタ	따	따	따		
땨 ッテャ	땨	땨	땨		
떠 ット	떠	떠	떠		
뗘 ッテョ	뗘	뗘	뗘		
또 ット	또	또	또		
뚀 ッテョ	뚀	뚀	뚀		
뚜 ットゥ	뚜	뚜	뚜		
뜌 ットュ	뜌	뜌	뜌		
뜨 ットゥ	뜨	뜨	뜨		
띠 ッティ	띠	띠	띠		

激音、濃音、パッチムその2

까 ッカ	까	까	까		
꺄 ッキャ	꺄	꺄	꺄		
꺼 ッコ	꺼	꺼	꺼		
껴 ッキョ	껴	껴	껴		
꼬 ッコ	꼬	꼬	꼬		
꾜 ッキョ	꾜	꾜	꾜		
꾸 ック	꾸	꾸	꾸		
뀨 ッキュ	뀨	뀨	뀨		
끄 ック	끄	끄	끄		
끼 ッキ	끼	끼	끼		

짜 ッチャ	짜	짜	짜		
쨔 ッチャ	쨔	쨔	쨔		
쩌 ッチョ	쩌	쩌	쩌		
쪄 ッチョ	쪄	쪄	쪄		
쪼 ッチョ	쪼	쪼	쪼		
쬬 ッチョ	쬬	쬬	쬬		
쭈 ッチュ	쭈	쭈	쭈		
쮸 ッチュ	쮸	쮸	쮸		
쯔 ッチュ	쯔	쯔	쯔		
찌 ッチ	찌	찌	찌		

激音、濃音、パッチムその2

5

싸 ッサ	싸	싸	싸		
쌰 ッシャ	쌰	쌰	쌰		
써 ッソ	써	써	써		
쎠 ッショ	쎠	쎠	쎠		
쏘 ッソ	쏘	쏘	쏘		
쑈 ッショ	쑈	쑈	쑈		
쑤 ッス	쑤	쑤	쑤		
쓔 ッシュ	쓔	쓔	쓔		
쓰 ッス	쓰	쓰	쓰		
씨 ッシ	씨	씨	씨		

◆ パッチムその2

ほかにも3種類の終声(しゅうせい)があります。

パッチム	発音		「아」+パッチム
ㅂ, ㅍ	p	「やっぱり」というときの「っ」の部分とほぼ同じ。口を閉じる。	압 「압」「앞」も[압]と発音する。
ㄷ, ㅌ, ㅅ, ㅆ, ㅈ, ㅊ, ㅎ	t	「やった!」というときの「っ」とほぼ同じ。	앋 「았」「앛」もすべて[앋]と発音する。
ㄱ, ㅋ, ㄲ	k	「まっか」というときの「っ」の部分とほぼ同じ。	악 「악」「앜」「앆」も[악]と発音する。

([ ]内は発音)

まとめのドリル 1

1 発音しながら、なぞって書いてみよう。

① 이유 （理由）
　　イユ

② 어머니 （母）
　　オモニ

③ 바빠요 （忙しいです）
　　パッパヨ

④ 요리 （料理）
　　ヨリ

⑤ 나라 （国）
　　ナラ

⑥ 선생님 （先生）
　　ソンセンニム

⑦ 감사 （感謝）
　　カムサ

⑧ 오빠 （[妹から見た場合の]兄）
　　オッパ

⑨ 안녕？ （元気？、バイバイ）
　　アンニョン

⑩ 냉면 （冷麺）
　　ネンミョン

2 日本の地名をハングルで表記しています。日本語で書いてみよう。

① 아오모리　＿＿＿＿＿
② 후쿠오카　＿＿＿＿＿
③ 도야마　＿＿＿＿＿
④ 이시카와　＿＿＿＿＿
⑤ 아이치　＿＿＿＿＿

3 発音を選んでみよう。

① 나무　（木）　　　[A ナム　B ノム　C ノウ]
② 오늘　（今日）　　[A ウヌル　B オニル　C オヌル]
③ 버스　（バス）　　[A ポス　B パス　C ポズ]
④ 한국　（韓国）　　[A ハンガク　B カングク　C ハングク]
⑤ 음식　（食べ物）　[A ウムシク　B オムシク　C ウムサク]

こたえ

2 ① 青森　② 福岡　③ 富山　④ 石川　⑤ 愛知

3 ① A ナム　② C オヌル　③ A ポス　④ C ハングク　⑤ A ウムシク

コラム 1

季節感や年中行事

　韓国にも日本と同じように四季がありますが、年中行事や季節感で少し違う点もあります。

　まず、春には桜の花だけでなく、ツツジやレンギョウなど、色鮮やかな花が一斉に咲きます。韓国では3月に新学期が始まります。夏には日本でいう「土用の丑の日」のような日があり、暑さ払いに参鶏湯（サムゲタン）を食べる日が3日あります。秋には旧暦の8月15日に「추석」（秋夕）という旧盆があります。また、紅葉の頃は男性がなぜかセンチメンタルな気分になりやすい季節だといわれています。冬は日本よりぐっと冷え込みますが、床暖房のオンドル「온돌」のおかげで、室内では温かく過ごせます。降雪量は多くなく、雪にはとてもロマンチックなイメージがあり、初雪が降ったときは、皆がこぞって恋人に連絡するため、電話回線が混み合うこともあるそうです。

　また、記念日や祝日にも違いがあります。旧正月や、旧盆である秋夕は、旧暦を使うため毎年日付が変わります。この2つが一番大きな年中行事「名節」で、ほかにはハングルの日（10月9日）のような韓国特有の記念日や、クリスマス（12月25日）が祝日として扱われることなどが、日本とは違います。

　さらに、韓国では赤ちゃんが生まれて100日たったことを盛大に祝う習慣があります。それから発展して、カップルが付き合い始めて100日たったことを祝う習慣があり、おそろいの指輪を贈ったりします。

STEP 2

6 用言の丁寧形①

友達です。

친구예요.
チングエヨ

これだけ

「〜です」
　名詞（パッチム 無 ） ＋ 예요.
　　　　　　　　　　　　　エヨ

＊예요は[에요]と発音。
　　　　　エヨ

＊パッチム 無 ：친구（友達）、여기（ここ）
　　　　　　　　チング　　　　ヨギ

　名詞（パッチム 有 ） ＋ 이에요.
　　　　　　　　　　　　　イエヨ

＊パッチム 有 ：한국（韓国）、사람（人）
　　　　　　　　ハングク　　　サラム

Q 単語をヒントに作文してみよう。

❶ 私の友達です。
_____

❷ ここです。
_____

❸ 日本人です。
_____

私の、友達
제, 친구
チェ　チング

ここ
여기
ヨギ

日本人
일본 사람
イルボン サラム

答えと音声を確認しよう

もっと1 疑問「〜ですか？」(パッチム 無)

名詞(パッチム 無) ＋ **예요?**
　　　　　　　　　　　エヨ

友達ですか？
친구예요?
チングエヨ

もっと2 疑問「〜ですか？」(パッチム 有)

名詞(パッチム 有) ＋ **이에요?**
　　　　　　　　　　　イエヨ

韓国ですか？
한국이에요?
ハングギエヨ

用言の丁寧形①

A

❶ 제 친구예요.
チェ チングエヨ

❷ 여기예요.
ヨギエヨ

❸ 일본 사람이에요.
イルボン サラミエヨ

まとめ

❶「〜です」
名詞（パッチム 無） ＋ **예요.**
　　　　　　　　　　　　エヨ
名詞（パッチム 有） ＋ **이에요.**
　　　　　　　　　　　　イエヨ

❷ 疑問「〜ですか？」（パッチム 無）
名詞（パッチム 無） ＋ **예요?**
　　　　　　　　　　　　エヨ

❸ 疑問「〜ですか？」（パッチム 有）
名詞（パッチム 有） ＋ **이에요?**
　　　　　　　　　　　　イエヨ

Q 単語をヒントに作文してみよう。

❶ 私の名前は池田です。

> 私の、名前は、池田
> 제, 이름은, 이케다
> チェ　イルムン　イケダ

❷ 主婦です。

> 主婦
> 주부
> チュブ

❸ 韓国人です。

> 韓国人
> 한국 사람
> ハングク サラム

❹ ソウルです。

> ソウル
> 서울
> ソウル

❺ ここですか？

> ここ
> 여기
> ヨギ

❻ 釜山ですか？

> 釜山
> 부산
> プサン

答えと音声を確認しよう

+α 2つの「です」

「예요」「이에요」のほかに、同じく「です」という意味で「입니다」という表現があります。これはパッチムの有無に関わらず、名詞に「입니다」をつけるだけで大丈夫です。疑問文にするには、「입니까?」とします。

	〜です	〜ですか？
名詞（パッチム 無） 친구（友達） チング	친구예요. チングエヨ	친구예요？ チングエヨ
	친구입니다. チングイムニダ	친구입니까？ チングイムニッカ
名詞（パッチム 有） 서울（ソウル） ソウル	서울이에요. ソウリエヨ	서울이에요？ ソウリエヨ
	서울입니다. ソウリムニダ	서울입니까？ ソウリムニッカ

用言の丁寧形①

A

❶ 제 이름은 이케다예요.
チェ イルムン イケダエヨ

❷ 주부예요.
チュブエヨ

❸ 한국 사람이에요.
ハングク サラミエヨ

❹ 서울이에요.
ソウリエヨ

❺ 여기예요？
ヨギエヨ

❻ 부산이에요？
プサニエヨ

7 用言の丁寧形②

韓国語の先生でいらっしゃいます。

한국어 선생님이세요.
ハングゴ　　　ソンセンニミセヨ

これだけ

「〜でいらっしゃいます」

名詞（パッチム 無） ＋ 세요.
　　　　　　　　　　　セヨ

名詞（パッチム 有） ＋ 이세요.
　　　　　　　　　　　イセヨ

Q 単語をヒントに作文してみよう。

❶ 私のお母様でいらっしゃいます。
_____

私のお母様
제 어머니
チェ　オモニ

❷ 韓国の方でいらっしゃいます。
_____

韓国の方
한국 분
ハングク　プン

❸ 日本のお客様でいらっしゃいます。
_____

日本のお客様
일본 손님
イルボン　ソンニム

もっと1 疑問「〜でいらっしゃいますか？」（パッチム 無）

名詞（パッチム 無） ＋ 세요？
　　　　　　　　　　　セヨ

スジさんのお友達でいらっしゃいますか？
수지 씨 친구세요？
スジ　ッシ　チングセヨ

もっと2 疑問「〜でいらっしゃいますか？」（パッチム 有）

名詞（パッチム 有） ＋ 이세요？
　　　　　　　　　　　イセヨ

韓国語の先生でいらっしゃいますか？
한국어 선생님이세요？
ハングゴ　ソンセンニミセヨ

※「이」の前の「선생님」にはパッチムがあるので、［선생니미세요］と発音。
　　イ　　　　　ソンセンニム　　　　　　　　　　　　　ソンセンニミセヨ

A

❶ 제 어머니세요.
　チェ オモニセヨ

❷ 한국 분이세요.
　ハングク プニセヨ

❸ 일본 손님이세요.
　イルボン ソンニミセヨ

まとめ

❶「～でいらっしゃいます」
　名詞（パッチム 無） ＋ **세요.**
　　　　　　　　　　　　セヨ
　名詞（パッチム 有） ＋ **이세요.**
　　　　　　　　　　　　イセヨ

❷ 疑問「～でいらっしゃいますか？」（パッチム 無）
　名詞（パッチム 無） ＋ **세요?**
　　　　　　　　　　　　セヨ

❸ 疑問「～でいらっしゃいますか？」（パッチム 有）
　名詞（パッチム 有） ＋ **이세요?**
　　　　　　　　　　　　イセヨ

Q 単語をヒントに作文してみよう。

❶ テウさんのお父様でいらっしゃいますか？
　　テウさんのお父様
　　태우 씨 아버님
　　テウ　ッシ　アボニム

❷ 鈴木さんのお姉さんでいらっしゃいます。
　　鈴木さんのお姉さん
　　스즈키 씨 언니
　　スジュキ　ッシ　オンニ

❸ 私たちの日本語の先生でいらっしゃいます。
　　私たちの日本語の先生
　　우리 일본어 선생님
　　ウリ　イルボノ　ソンセンニム

❹ ファンでいらっしゃいます。
　　ファン
　　팬
　　ペン

❺ 故郷は神奈川でいらっしゃいますか？
　　故郷は神奈川
　　고향이 가나가와
　　コヒャンイ　カナガワ

❻ 何名様でいらっしゃいますか？
　　何名様
　　몇 분
　　ミョップン

答えと音声を確認しよう

+α 「세요」「이세요」を使う表現

- 누구세요? どなたですか?
  ヌグセヨ

- 지금 어디세요? 今どちらですか?
  チグム オディセヨ

- 일본 분이세요? 日本の方でいらっしゃいますか?
  イルボン プニセヨ

A

① 태우 씨 아버님이세요?
テウ ッシ アボニミセヨ

② 스즈키 씨 언니세요.
スジュキ ッシ オンニセヨ

③ 우리 일본어 선생님이세요.
ウリ イルボノ ソンセンニミセヨ

④ 팬이세요.
ペニセヨ

⑤ 고향이 가나가와세요?
コヒャンイ カナガワセヨ

⑥ 몇 분이세요?
ミョップ プニセヨ

8 否定その1「〜ではありません」

CD 11

土曜日ではありません。

토요일이 아니에요.
トヨイリ　　アニエヨ

これだけ

「〜ではありません」

名詞（パッチム 無 ）　＋　**가 아니에요.**
　　　　　　　　　　　　　　ガ　アニエヨ

名詞（パッチム 有 ）　＋　**이 아니에요.**
　　　　　　　　　　　　　　イ　アニエヨ

Q 単語をヒントに作文してみよう。

① 約束は1時ではありません。

約束は、1時
약속은, 한 시
ヤクソグン　ハン シ

② 韓国映画ではありません。

韓国映画
한국 영화
ハングン ニョンファ

③ 日本人ではありませんか？

日本人
일본 사람
イルボン サラム

答えと音声を確認しよう

もっと1 疑問「〜ではありませんか？」(パッチム 無)

名詞(パッチム 無) ＋ 가 아니에요？
　　　　　　　　　　ガ　アニエヨ

この番号ではありませんか？
이 번호가 아니에요？
イ　ボノガ　アニエヨ

※「아니에요」の前の「가」は、会話では省略することもある。
　　アニエヨ　　　　　ガ

もっと2 疑問「〜ではありませんか？」(パッチム 有)

名詞(パッチム 有) ＋ 이 아니에요？
　　　　　　　　　　イ　アニエヨ

土曜日ではありませんか？
토요일이 아니에요？
トヨイリ　アニエヨ

※「아니에요」の前の「이」は、会話では省略することもある。
　　アニエヨ　　　　　イ

A

❶ 약속은 한 시가 아니에요．
ヤクソグン ハン シガ アニエヨ

❷ 한국 영화가 아니에요．
ハングン ニョンファガ アニエヨ

❸ 일본 사람이 아니에요？
イルボン サラミ アニエヨ

まとめ

❶「〜ではありません」
名詞(パッチム 無) ＋ **가 아니에요.**
　　　　　　　　　　　ガ　アニエヨ

名詞(パッチム 有) ＋ **이 아니에요.**
　　　　　　　　　　　イ　アニエヨ

---

❷ 疑問「〜ではありませんか？」(パッチム 無)
名詞(パッチム 無) ＋ **가 아니에요?**
　　　　　　　　　　　ガ　アニエヨ

---

❸ 疑問「〜ではありませんか？」(パッチム 有)
名詞(パッチム 有) ＋ **이 아니에요?**
　　　　　　　　　　　イ　アニエヨ

Q 単語をヒントに作文してみよう。

❶ ホテルはここではありません。
　　ホテルは、ここ
　　호텔은, 여기
　　ホテルン　ヨギ

❷ これは、お酒ではありません。
　　これは、お酒
　　이것은, 술
　　イゴスン　スル

❸ 約束は今日じゃありません。明日です。
　　約束は、今日、明日
　　약속은, 오늘, 내일
　　ヤクソグン　オヌル　ネイル

❹ あの人じゃないですか？
　　あの人
　　저 사람
　　チョ サラム

❺ これは、CDじゃありません。DVDです。
　　これは、CD、DVD
　　이것은, 시디, 디브이디
　　イゴスン　シディ　ディブイディ

❻ ひょっとして、チェ・ハギュンさんじゃないですか？
　　ひょっとして、チェ・ハギュンさん
　　혹시, 최하균 씨
　　ホクシ　チェハギュン ッシ

答えと音声を確認しよう

+α 尊敬の否定

「아니에요」を「아니세요」にすると、尊敬の否定表現になります。

한국 분이 아니세요?
(韓国の方でいらっしゃいませんか?)

우리 학교 선생님이 아니세요?
(うちの学校の先生でいらっしゃいませんか?)

A

① 호텔은 여기가 아니에요.

② 이것은 술이 아니에요.

③ 약속은 오늘이 아니에요. 내일이에요.

④ 저 사람이 아니에요?

⑤ 이것은 시디가 아니에요. 디브이디예요.

⑥ 혹시 최하균 씨가 아니에요?

9 存在詞文

韓国に友達がいます。

한국에 친구가 있어요.
ハングゲ　　チングガ　　イッソヨ

これだけ

「～があります」「～がいます」

名詞（パッチム 無） ＋ 가　있어요.
　　　　　　　　　　　ガ　イッソヨ

名詞（パッチム 有） ＋ 이　있어요.
　　　　　　　　　　　イ　イッソヨ

Q 単語をヒントに作文してみよう。

❶ 明日は約束があります。

　明日は、約束
　내일은, 약속
　ネイルン　ヤクソク

❷ コンサートのチケットがあります。

　コンサート、チケット
　콘서트, 티켓
　コンソトゥ　ティケッ

❸ 会いたい人がいます。

　会いたい人
　만나고 싶은 사람
　マンナゴ　シップン サラム

答えと音声を確認しよう

もっと1 否定「〜がありません」「〜がいません」
名詞(パッチム 無 有) + 가/이 없어요.
ガ イ オプソヨ

明日は時間がありません。
내일은 시간이 없어요.
ネイルン シガニ オプソヨ

もっと2 疑問「〜がありますか？」「〜がいますか？」
名詞(パッチム 無 有) + 가/이 있어요?
ガ イ イッソヨ

明日は時間がありますか？
내일은 시간이 있어요?
ネイルン シガニ イッソヨ

A

❶ 내일은 약속이 있어요.
ネイルン ヤクソギ イッソヨ

❷ 콘서트 티켓이 있어요.
コンソトゥ ティケシ イッソヨ

❸ 만나고 싶은 사람이 있어요.
マンナゴ シップン サラミ イッソヨ

まとめ

❶「〜があります」「〜がいます」
名詞（パッチム 無 ） ＋ **가 있어요.**
　　　　　　　　　　　　　ガ　イッソヨ
名詞（パッチム 有 ） ＋ **이 있어요.**
　　　　　　　　　　　　　イ　イッソヨ

❷ 否定「〜がありません」「〜がいません」
名詞（パッチム 無 有 ） ＋ **가/이 없어요.**
　　　　　　　　　　　　　　　ガ　イ　オプソヨ

❸ 疑問「〜がありますか？」「〜がいますか？」
名詞（パッチム 無 有 ） ＋ **가/이 있어요？**
　　　　　　　　　　　　　　　ガ　イ　イッソヨ

Q 単語をヒントに作文してみよう。

❶ ソウルに友達がいますか？
　　ソウルに、友達
　　서울에, 친구
　　ソウレ　　　チング

❷ はい。親しい友達がいます。
　　はい、親しい友達
　　네, 친한 친구
　　ネ　チナン　チング

❸ 今日は、時間がありますか？
　　今日は、時間
　　오늘은, 시간
　　オヌルン　　シガン

❹ はい。今日は約束がありません。
　　はい、今日は、約束
　　네, 오늘은, 약속
　　ネ　オヌルン　ヤクソク

❺ 来月に、ソウルでコンサートがあります。
　　来月に、ソウルで、コンサート
　　다음 달에, 서울에서, 콘서트
　　タウム　タレ　ソウレソ　　コンソトゥ

❻ でも、一緒に行く人がいません。
　　でも、一緒に、行く人
　　근데, 같이, 갈 사람
　　クンデ　カッチ　カル　サラム

答えと音声を確認しよう

「～にあります」「～にいます」

「～にあります/～にいます」は「～에 있어요」を使います。
　　　　　　　　　　　　　　エ　イッソヨ

どこにありますか？
어디에 있어요?
オディエ　イッソヨ

A

❶ 서울에 친구가 있어요?
　ソウレ チングガ イッソヨ

❷ 네. 친한 친구가 있어요.
　ネ　チナン チングガ イッソヨ

❸ 오늘은 시간이 있어요?
　オヌルン シガニ イッソヨ

❹ 네. 오늘은 약속이 없어요.
　ネ　オヌルン ヤクソギ オプソヨ

❺ 다음 달에 서울에서 콘서트가 있어요.
　タウムタレ ソウレソ コンソトゥガ イッソヨ

❻ 근데, 같이 갈 사람이 없어요.
　クンデ カッチ ガル サラミ オプソヨ

10 助詞「は」「が」「を」「へ」「で」

ここは何がおいしいですか？

여기는 뭐가 맛있어요?
ヨギヌン　　ムォガ　　マシッソヨ

これだけ

名詞の最後にパッチムが有るかどうかで、つける助詞が違うもの

	パッチム 無	パッチム 有
は	는 (ヌン)	은 (ウン)
が	가 (ガ)	이 (イ)
を	를 (ルル)	을 (ウル)
へ（方向）	로 (ロ)	으로※ (ウロ)
で（手段）	로 (ロ)	으로※ (ウロ)

※ただし、単語の最後のパッチムが「ㄹ」の場合は、「로」がつく。

Q 単語をヒントに作文してみよう。

❶ あの人は誰ですか？
＿＿＿＿＿＿＿＿＿＿＿＿＿＿

あの人、誰
저 사람, 누구
チョ サラム　ヌグ

❷ 明日は時間がありますか？
＿＿＿＿＿＿＿＿＿＿＿＿＿＿

明日、時間
내일, 시간
ネイル　シガン

❸ この映画を見たいです。
＿＿＿＿＿＿＿＿＿＿＿＿＿＿

この映画、見たいです
이 영화, 보고 싶어요
イ ヨンファ　ポゴ　シッポヨ

答えと音声を確認しよう

もっと1 「～に乗る」
名詞（パッチム 無/有）＋ 를/을 타다.
　　　　　　　　　　　　ルル ウル　タダ

※韓国語では「～に乗る」ではなく「～を乗る」と表現する。

駅までタクシーに乗ります。
역까지 택시를 타요.
ヨッカジ　テクシルル　タヨ

もっと2 「～になる」
名詞（パッチム 無/有）＋ 가/이 되다.
　　　　　　　　　　　　ガ　イ　トゥェダ

※韓国語では「～になる」ではなく「～がなる」と表現する。

韓国語の先生になりたいです。
한국어 선생님이 되고 싶어요.
ハングゴ　ソンセンニミ　トゥェゴ シッポヨ

A
❶ 저 사람은 누구예요?
チョ サラムン ヌグエヨ

❷ 내일은 시간이 있어요?
ネイルン シガニ イッソヨ

❸ 이 영화를 보고 싶어요.
イ ヨンファルル ポゴ シッポヨ

まとめ

❶ 名詞の最後にパッチムが有るかどうかで、つける助詞が違うもの

	パッチム 無	パッチム 有
は	는 (ヌン)	은 (ウン)
が	가 (ガ)	이 (イ)
を	를 (ルル)	을 (ウル)
へ(方向)	로 (ロ)	으로※ (ウロ)
で(手段)	로 (ロ)	으로※ (ウロ)

※ただし、単語の最後のパッチムが「ㄹ」の場合は、「로」がつく。

❷ 「〜に乗る」
名詞(パッチム 無/有) ＋ **를/을 타다.**
　　　　　　　　　　　ルル ウル　タダ

❸ 「〜になる」
名詞(パッチム 無/有) ＋ **가/이 되다.**
　　　　　　　　　　　ガ　イ　トゥェダ

Q ヒントの動詞を活用して文を完成させてみよう。

❶ 友達が来ました。
　　　_____

> 友達、来ます
> 친구, 와요
> チング　ワヨ

❷ チケットが1枚あります。
　　　_____

> チケット、1枚
> 티켓, 한 장
> ティケッ　ハン ジャン

❸ チケットはどこで売っていますか？
　　　_____

> どこで、売っていますか？
> 어디서, 팔아요?
> オディソ　パラヨ

❹ このCDを2枚ください。
　　　_____

> このCD、2枚、ください
> 이 시디, 두 장, 주세요
> イ シディ　トゥ ジャン　ジュセヨ

❺ 参鶏湯を2人前ください。
　　　_____

> 参鶏湯、2人前
> 삼계탕, 이 인분
> サムゲタン　イ インブン

❻ 飛行機でどのくらいかかりますか？
　　　_____

> 飛行機、どのくらい、かかりますか？
> 비행기, 얼마나, 걸려요?
> ピヘンギ　オルマナ　コルリョヨ

答えと音声を確認しよう

+α 日本語と一致しない助詞

「〜に乗る」「〜になる」のように、日本語の助詞とは表現が違うことが、ほかにもあります。「〜に会う」は、「〜を会う」と表現します。

「〜に会う」
名詞(パッチム 無/有) ＋ 를/을　만나다
　　　　　　　　　　　　ルル　ウル　マンナダ

우연히 친구를 만났어요．
ウヨニ　　チングルル　マンナッソヨ
(偶然、友達に会いました)

A

❶ 친구가 와요．
チングガ ワヨ

❷ 티켓이 한 장 있어요．
ティケシ ハン ジャン イッソヨ

❸ 티켓은 어디서 팔아요？
ティケスン オディソ パラヨ

❹ 이 시디를 두 장 주세요．
イ シディルル トゥ ジャン ジュセヨ

❺ 삼계탕을 이 인분 주세요．
サムゲタンウル イ インブン ジュセヨ

❻ 비행기로 얼마나 걸려요？
ピヘンギロ オルマナ コルリョヨ

まとめのドリル 2

1 「예요/이에요」をつけ、日本語に訳してみよう。

		예요/이에요	日本語訳
친구	友達	친구예요.	友達です。
① 여기	ここ	_____	_____
② 서울	ソウル	_____	_____
③ 여행	旅行	_____	_____
④ 일본	日本	_____	_____

2 「세요/이세요」をつけ、日本語に訳してみよう。

		세요/이세요	日本語訳
친구	友達	친구세요.	お友達でいらっしゃいます。
① 여기	ここ	_____	_____
② 서울	ソウル	_____	_____
③ 여행	旅行	_____	_____
④ 한국 분	韓国の方	_____	_____

3 助詞を入れてみよう。

① 내일 _____ 시간 있어요?　（明日は時間ありますか？）

② 이 영화 _____ 보고 싶어요.　（この映画を見たいです）

③ 티켓 _____ 한 장 있어요.　（チケットが1枚あります）

④ 어디 _____ 가세요?　（どこへ行かれますか？）

4 日本語に訳してみよう。

① 한국 영화가 아니에요.（영화：映画）
　　ハングン　ニョンファガ　アニエヨ　　　　ヨンファ

_____

② 내일은 약속이 있어요.（내일：明日、약속：約束）
　　ネイルン　ヤクソギ　イッソヨ　　　ネイル　　　　　ヤクソク

_____

5 韓国語に訳してみよう。

① 土曜日ではありません。（토요일：土曜日）
　　　　　　　　　　　　　　　トヨイル

_____

② 友達がいます。（친구：友達）
　　　　　　　　　チング

_____

こたえ

1
- ① 여기예요.（ここです）　② 서울이에요.（ソウルです）
　　ヨギエヨ　　　　　　　　　　ソウリエヨ
- ③ 여행이에요.（旅行です）　④ 일본이에요.（日本です）
　　ヨヘンイエヨ　　　　　　　　イルボニエヨ

2
- ① 여기세요.（こちらです）　② 서울이세요.（ソウルでございます）
　　ヨギセヨ　　　　　　　　　　ソウリセヨ
- ③ 여행이세요.（ご旅行です）　④ 한국 분이세요.（韓国の方でいらっしゃいます）
　　ヨヘンイセヨ　　　　　　　　ハングク　プニセヨ

3
- ① 내일은 시간 있어요？　② 이 영화를 보고 싶어요.　③ 티켓이 한 장 있어요.
　　ネイルン　シガン　イッソヨ　　イ　ヨンファルル　ポゴ　シッポヨ　　ティケシ　ハン　ジャン　イッソヨ
- ④ 어디로 가세요？
　　オディロ　カセヨ

4
- ① 韓国映画ではありません。　② 明日は約束があります。

5
- ① 토요일이 아니에요.　② 친구가 있어요.
　　トヨイリ　アニエヨ　　　　チングガ　イッソヨ

食事の習慣

コラム2

　韓国の食事の習慣をご紹介します。
　基本的に、みんなで一緒に分け合って食べることが多いようです。大きな鍋料理は取り分けず、一緒に食事をしている人みんなでつつきながら食べます。そのため、取り皿がないこともよくあります。韓国式のかき氷「팥빙수」(パッピンス)も、大きなものを何人かで一緒に食べているのをよく見かけます。
　食事を注文したとき、一緒に出てくるキムチなどのおかずは、お代わりできます。おかずの名前がわからなくても、お皿を指さして「이거 더 주세요」(イゴ ト ジュセヨ)(これ、もっとください)と言えば持ってきてくれます。お肉を包んで食べるサンチュなどの野菜も同様です。
　なお、冷麺や焼肉は、調理ばさみで切ってから食べます。店員が、席まで運んできたとき、その場で切ってくれることもあります。日本では食卓ではさみを使うことはあまりありませんが、慣れるととても便利です。

STEP 3

11 助詞「で」「に」「から」

ホテルのロビーで会いましょう。

호텔 로비에서 만나요.
ホテル　　ロビエソ　　マンナヨ

これだけ

名詞の最後のパッチムの有無で区別しなくてよい助詞

で(場所)	에서 エソ
に(場所・時間)	에 エ
に(人・動物)	한테 ハンテ
から(人・動物)	한테서 ハンテソ
から(場所)	에서 エソ

Q 単語をヒントに作文してみよう。

❶ 1時に会いましょう。
_____

> 1時、会いましょう
> 한 시, 만나요
> ハン　シ　マンナヨ

❷ 友達に電話します。
_____

> 友達、電話します
> 친구, 전화해요
> チング　チョヌァヘヨ

❸ 日本から来ます。
_____

> 日本、来ます
> 일본, 와요
> イルボン　ワヨ

答えと音声を確認しよう

もっと1 「〜(人・動物)に」

話し言葉： 〜人 ＋ **한테**
　　　　　　　　　　　　ハンテ

＊書き言葉では、「에게」を使う。
　　　　　　　　　　エゲ

友達にメールを送ります。

話し言葉：친구한테 메일을 보내요.
　　　　　チングハンテ　メイルル　ポネヨ

書き言葉：친구에게 메일을 보내요.
　　　　　チングエゲ　　メイルル　ポネヨ

もっと2 「〜(人・動物)から」

話し言葉： 〜人 ＋ **한테서**
　　　　　　　　　　　　ハンテソ

＊書き言葉では、「에게서」を使う。
　　　　　　　　　　エゲソ

友達からメールが来ます。

話し言葉：친구한테서 메일이 와요.
　　　　　チングハンテソ　メイリ　ワヨ

書き言葉：친구에게서 메일이 와요.
　　　　　チングエゲソ　　メイリ　ワヨ

A

❶ 한 시에 만나요.
　ハン シエ マンナヨ

❷ 친구한테 전화해요.
　チング ハンテ チョヌァヘヨ

❸ 일본에서 와요.
　イルボネソ ワヨ

まとめ

❶ 名詞の最後のパッチムの有無で区別しなくてよい助詞

で(場所)	에서(エソ)
に(場所・時間)	에(エ)
に(人・動物)	한테(ハンテ)
から(人・動物)	한테서(ハンテソ)
から(場所)	에서(エソ)

❷ 「〜(人・動物)に」
話し言葉： 〜人 ＋ **한테**
ハンテ

❸ 「〜(人・動物)から」
話し言葉： 〜人 ＋ **한테서**
ハンテソ

Q 単語をヒントに作文してみよう。

❶ 韓国で暮らします。

> 韓国、暮らします
> 한국, 살아요
> ハングク　サラヨ

❷ どこに行きたいですか？

> どこ、行きたいですか？
> 어디, 가고 싶어요?
> オディ　カゴ　シッポヨ

❸ 友達に連絡します。

> 友達、連絡します
> 친구, 연락해요
> チング　ヨルラッケヨ

❹ 誰からもらったプレゼントですか？

> 誰、もらった、プレゼントですか？
> 누구, 받은, 선물이에요?
> ヌグ　パドゥン　ソンムリエヨ

❺ ソウルから来ますか？

> ソウル、来ますか？
> 서울, 와요?
> ソウル　ワヨ

❻ 駅前で会います。

> 駅前、会います
> 역 앞, 만나요
> ヨガプ　マンナヨ

答えと音声を確認しよう

+α 日本語では同じでも、韓国語では違う助詞

日本語では1つの形でも、韓国語では違う助詞を使う場合があります。「どこどこに」「いついつに」と言う場合と、「誰々に」と言う場合は、日本語では同じ「に」を使いますが、韓国語では2つに分かれます。「〜に（場所・時間）」は「에（エ）」、「〜に（人・動物）」は「한테（ハンテ）」を使います。また、「誰々から」と言う場合と、「どこどこから」と言う場合は、日本語では同じ「から」ですが、韓国語では、前者は「한테서（ハンテソ）」、後者は「에서（エソ）」を使います。

A

❶ 한국에서 살아요.
ハングゲソ サラヨ

❷ 어디에 가고 싶어요?
オディエ カゴ シッポヨ

❸ 친구한테 연락해요.
チングハンテ ヨルラッケヨ

❹ 누구한테서 받은 선물이에요?
ヌグハンテソ パドゥン ソンムリエヨ

❺ 서울에서 와요?
ソウレソ ワヨ

❻ 역 앞에서 만나요.
ヨガッペソ マンナヨ

12 用言文「～です」「～ます」(ヘヨ体パッチム有)

参鶏湯を食べます。

삼계탕을 먹어요.
サムゲタンウル　　モゴヨ

これだけ

まず、単語の基本形の最後の「다」を取る。
　　　　　　　　　　　　　　　タ

먹다（食べる）　→　먹
モクタ　　　　　　　　モク　　＊「다」を取った形を「語幹（ごかん）」と呼ぶ。

次に、語幹の最後にパッチムがある場合、

語幹(最後の母音が「ㅏ,ㅗ,ㅑ」)　　＋　　아요．
　　　　　　　　　　　ア　オ　ヤ　　　　　　　　　　アヨ

語幹(最後の母音が「ㅏ,ㅗ,ㅑ」以外)　＋　　어요．
　　　　　　　　　　　ア　オ　ヤ　　　　　　　　　　オヨ

받다（もらう）　→　받　＋　아요＝　받아요（もらいます）
パッタ　　　　　　　　パッ　　　アヨ　　　パダヨ

먹다（食べる）　→　먹　＋　어요＝　먹어요（食べます）
モクタ　　　　　　　　モク　　　オヨ　　　モゴヨ

Q 単語をヒントに作文してみよう。

❶ 東京で暮らします。
＿＿＿＿＿＿＿＿＿＿＿

東京で、暮らす
도쿄에서, 살다
トキョエソ　　サルダ

❷ 天気がいいです。
＿＿＿＿＿＿＿＿＿＿＿

天気が、いい
날씨가, 좋다
ナルシガ　　チョッタ

❸ とてもおいしいです。
＿＿＿＿＿＿＿＿＿＿＿

とても、おいしい
아주, 맛있다
アジュ　　マシッタ

答えと音声を確認しよう

もっと1 疑問「〜ですか？」「〜ますか？」:「ㅏ,ㅗ,ㅑ」の場合

用言 ＋ 아요？
アヨ

プレゼントをもらいますか？
선물을 받아요？
ソンムルル　パダヨ

もっと2 疑問「〜ですか？」「〜ますか？」:「ㅏ,ㅗ,ㅑ」以外の場合

用言 ＋ 어요？
オヨ

おいしいですか？
맛있어요？
マシッソヨ

A

① 도쿄에서 살아요．
トキョエソ サラヨ

② 날씨가 좋아요．
ナルシガ チョアヨ

③ 아주 맛있어요．
アジュ マシッソヨ

まとめ

❶ まず、単語の基本形の最後の「다」を取る。

먹다 （食べる） → 먹
モクタ　　　　　　　　モク　＊「다」を取った形を「語幹（ごかん）」と呼ぶ。

次に、語幹の最後にパッチムがある場合、

語幹（最後の母音が「ㅏ, ㅗ, ㅑ」）　　　　＋　　**아요**.
　　　　　　　　　　ア　オ　ヤ　　　　　　　　　　　　アヨ

語幹（最後の母音が「ㅏ, ㅗ, ㅑ」以外）　＋　**어요**.
　　　　　　　　　　ア　オ　ヤ　　　　　　　　　　　　オヨ

❷ 疑問「～ですか？」「～ますか？」：「ㅏ, ㅗ, ㅑ」の場合
　　　　　　　　　　　　　　　　　　　　　ア　オ　ヤ

用言　＋　**아요?**
　　　　　　アヨ

❸ 疑問「～ですか？」「～ますか？」：「ㅏ, ㅗ, ㅑ」以外の場合
　　　　　　　　　　　　　　　　　　　　　ア　オ　ヤ

用言　＋　**어요?**
　　　　　　オヨ

Q 単語をヒントに作文してみよう。

❶ 私もわかります。

私も、わかる
저도, 알다
チョド　アルダ

❷ たくさん笑います。

たくさん、笑う
많이, 웃다
マニ　ウッタ

❸ 友達と遊びますか？

友達と、遊ぶ
친구하고, 놀다
チングハゴ　ノルダ

❹ 気分がいいです。

気分が、いい
기분이, 좋다
キブニ　チョッタ

❺ 少し小さいですか？

少し、小さい
좀, 작다
チョム　チャクタ

❻ 毎日、料理を作りますか？

毎日、料理を、作る
매일, 음식을, 만들다
メイル　ウムシグル　マンドゥルダ

答えと音声を確認しよう

+α 「語幹」は覚えておきたいキーワード

「語幹(ごかん)」という用語は、文法を勉強するとき、よく出てきます。動詞や形容詞の基本形の最後の「다」を取った形のことです。語幹の最後にパッチムが有るかどうか、最後の母音が「ㅏ,ㅗ,ㅑ」かどうかで、動詞や形容詞などの活用方法が変わるので、とても重要です。

基本形	語幹
알다(知る、わかる) アルダ	알 アル
만들다(作る) マンドゥルダ	만들 マンドゥル

用言文「〜です」「〜ます」(ヘヨ体パッチム有)

A

❶ 저도 알아요.
チョド アラヨ

❷ 많이 웃어요.
マニ ウソヨ

❸ 친구하고 놀아요?
チングハゴ ノラヨ

❹ 기분이 좋아요.
キブニ チョアヨ

❺ 좀 작아요?
チョム チャガヨ

❻ 매일 음식을 만들어요?
メイル ウムシグル マンドゥロヨ

13 用言文「～です」「～ます」(ヘヨ体パッチム無)

マッコリを飲みます。

막걸리를 마셔요.
マッコルリルル　　マショヨ

これだけ

まず、単語の基本形の最後の「다」を取る。

마시~~다~~ （飲む） → 마셔
　マシダ　　　　　　　　マショ　　＊「다」を取った形を「語幹(ごかん)」と呼ぶ。

次に、語幹の最後にパッチムがない場合、

語幹(最後の母音が「ㅏ, ㅓ, ㅕ, ㅐ, ㅔ」) ＋ 요.
　　　　　　　　　　ア　オ　ヨ　エ　エ　　　　ヨ

語幹(最後の母音が「ㅗ, ㅜ, ㅣ, ㅚ」)→ ㅘ, ㅝ, ㅕ, ㅙ ＋ 요.
　　　　　　　　　　オ　ウ　イ　ウェ　　ワ　ウォ　ヨ　ウェ　　ヨ

가다(行く) → 가요(行きます)
カダ　　　　　カヨ

오다(来る) → 와요(来ます)
オダ　　　　　ワヨ

Q 単語をヒントに作文してみよう。

❶ 地下鉄に乗ります。
_____

地下鉄に、乗る
지하철을, 타다
チハチョルル　タダ

❷ どこで会いますか？
_____

どこで、会う
어디서, 만나다
オディソ　マンナダ

❸ ここで韓国語を習います。
_____

ここで、韓国語を、習う
여기서, 한국어를, 배우다
ヨギソ　ハングゴルル　ペウダ

答えと音声を確認しよう

もっと1 「하다」のつく動詞や形容詞の場合：「です」「ます」

語幹(하다) → 해요.
　　ハダ　　　　　ヘヨ

피곤하다(疲れる) → 피곤해요(疲れます)
ピゴナダ　　　　　　　ピゴネヨ

말하다(話す) → 말해요(話します)
マラダ　　　　　　マレヨ

もっと2 最後の母音が「ㅟ,ㅢ」の場合：「です」「ます」

語幹(最後の母音が「ㅟ,ㅢ」) ＋ 어요.
　　　　　　　　ウィ ウイ　　　　　　オヨ

쉬다(休む) → 쉬어요(休みます)
シュィダ　　　　シュィオヨ

A

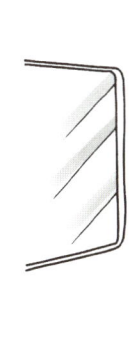

❶ 지하철을 타요.
チハチョルル タヨ

❷ 어디서 만나요?
オディソ マンナヨ

❸ 여기서 한국어를 배워요.
ヨギソ ハングゴルル ペウォヨ

用言文 「〜です」「〜ます」(ヘヨ体パッチム無)

まとめ

❶ まず、単語の基本形の最後の「다」を取る。

마시다（飲む） → 마셔
マシダ　　　　　　　マショ

＊「다」を取った形を「語幹（ごかん）」と呼ぶ。

次に、語幹の最後にパッチムがない場合、
語幹（最後の母音が「ㅏ, ㅓ, ㅕ, ㅐ, ㅔ」）＋요.
　　　　　　　　　ア　オ　ヨ　エ　エ　　　ヨ

語幹（最後の母音が「ㅗ, ㅜ, ㅣ, ㅚ」） → 와, 워, 여, 왜＋요.
　　　　　　　　　オ　ウ　イ　ウェ → ワ　ウォ　ヨ　ウェ　ヨ

❷ 「하다」のつく動詞や形容詞の場合：「です」「ます」

語幹（하다） → 해요.
　　　ハダ　　　　ヘヨ

❸ 最後の母音が「ㅟ, ㅢ」の場合：「です」「ます」
　　　　　　　　　ウィ ウイ
語幹（最後の母音が「ㅟ, ㅢ」）　＋　어요.
　　　　　　　　　　ウィ ウイ　　　　オヨ

Q 単語をヒントに作文してみよう。

❶ ちょっと（値段が）高いです。

> ちょっと、高い
> 좀, 비싸다
> チョム　ピッサダ

❷ 毎日ドラマを見ます。

> 毎日、ドラマを、見る
> 매일, 드라마를, 보다
> メイル　トゥラマルル　ポダ

❸ 韓国語のスクールに通います。

> 韓国語のスクールに、通う
> 한국어 학원에, 다니다
> ハングゴ ハグォネ　タニダ

❹ 誰にあげますか？

> 誰に、あげる
> 누구한테, 주다
> ヌグハンテ　チュダ

❺ プレゼントを送ります。

> プレゼントを、送る
> 선물을, 보내다
> ソンムルル　ポネダ

❻ 時間がかかりますか？

> 時間が、かかる
> 시간이, 걸리다
> シガニ　コルリダ

答えと音声を確認しよう

+α 2つの「です・ます体」

韓国語の「です」「ます」には、「합니다(ハムニダ)体」と「해요(ヘヨ)体」の2種類あり、本書では主に「해요(ヘヨ)体」を使っています。どちらも丁寧な表現ですが、ハムニダ体はかしこまった場面、アナウンス、案内文など、フォーマルな場面でよく使われ、ヘヨ体はやわらかい印象を与え、会話でよく使われます。

ちなみに、ヘヨ体を疑問文にするには、文の最後の「요.」の部分を「요?」にするだけです。

A

① 좀 비싸요.
チョム ピッサヨ

② 매일 드라마를 봐요.
メイル トゥラマルル ポァヨ

③ 한국어 학원에 다녀요.
ハングゴ ハグォネ タニョヨ

④ 누구한테 줘요?
ヌグハンテ ジョヨ

⑤ 선물을 보내요.
ソンムルル ポネヨ

⑥ 시간이 걸려요?
シガニ コルリョヨ

用言文「〜です」「〜ます」(ヘヨ体パッチム無)

14 用言文「～です」「～ます」(ハムニダ体)

ありがとうございます。

감사합니다.
カムサハムニダ

これだけ

まず、単語の基本形の最後の「다」を取る。

감사하다 (感謝する) → **감사하**
カムサハダ　　　　　　　　カムサハ

＊「다」を取った形を「語幹(ごかん)」と呼ぶ。

次に、語幹の最後にパッチムがあるかどうかで、

語幹(パッチム無/有) ＋ **ㅂ니다/습니다.**
　　　　　　　　　　　　　　ムニダ　　スムニダ

감사하다(感謝する)→ 감사하 ＋ ㅂ니다 ＝ 감사합니다(感謝します)
カムサハダ　　　　　　カムサハ　　ムニダ　　　カムサハムニダ

괜찮다(大丈夫だ) → 괜찮 ＋ 습니다 ＝ 괜찮습니다(大丈夫です)
ケンチャンタ　　　　ケンチャン　スムニダ　　ケンチャンスムニダ

Q 単語をヒントに作文してみよう。

❶ この本で勉強します。

_____

❷ お会いできてうれしいです。

_____

❸ とても多いです。

_____

この、本で、勉強する
이, 책으로, 공부하다
イ　チェグロ　コンブハダ

お会いできてうれしい
만나서 반갑다
マンナソ　パンガプタ

とても、多い
아주, 많다
アジュ　マンタ

答えと音声を確認しよう

もっと1 疑問「ですか？」

ㅂ니다/습니다. → ㅂ니까/습니까?
ムニダ　　スムニダ　　　　ムニッカ　　スムニッカ

大丈夫ですか？
괜찮습니까?
ケンチャンスムニッカ

もっと2 語幹の最後がㄹ（リウル）の場合

語幹（最後がㄹ） → ~~ㄹ~~ + ㅂ니다.
　　　　　　　　　　ル　　　ムニダ

알다(知る、わかる) → 알 + ㅂ니다 = 압니다
アルダ　　　　　　　　アル　ムニダ　　アムニダ

※「알」は「ㄹ」というパッチムがなくなってしまうので、パッチム「ㄹ」がなくなった形に「ㅂ니다」をつけます。

A

① 이 책으로 공부합니다.
イ チェグロ コンブハムニダ

② 만나서 반갑습니다.
マンナソ パンガプスムニダ

③ 아주 많습니다.
アジュ マンスムニダ

用言文〔〜です〕〔〜ます〕（ハムニダ体）

まとめ

❶ まず、単語の基本形の最後の「**다**」を取る。

감사하다(感謝する) → **감사하**
カムサハダ　　　　　　　　　　カムサハ　＊「다」を取った形を「語幹(ごかん)」と呼ぶ。

次に、語幹の最後にパッチムがあるかどうかで、
語幹(パッチム無/有) ＋ **ㅂ니다/습니다**.
　　　　　　　　　　　　ムニダ　　スムニダ

❷ 疑問「ですか？」

ㅂ니다/습니다. → **ㅂ니까/습니까**?
ムニダ　　スムニダ　　　　ムニッカ　スムニッカ

❸ 語幹の最後が ㄹ (リウル) の場合
語幹(最後がㄹ) → ~~ㄹ~~ ＋ **ㅂ니다**.
　　　　　　　　　　ル　　　ムニダ

Q 単語をヒントに作文してみよう。

❶ いつもここで食べます。
_____
いつも、ここで、食べる
항상, 여기서, 먹다
ハンサン　ヨギソ　モクタ

❷ 土曜日に韓国に行きます。
_____
土曜日に、韓国に、行く
토요일에, 한국에, 가다
トヨイレ　　ハングゲ　カダ

❸ その時は、飛行機に乗ります。
_____
その時は、飛行機に乗る
그때는, 비행기를 타다
クッテヌン　ピヘンギルル　タダ

❹ ホテルはどこにありますか？
_____
ホテルは、どこに、ある
호텔은, 어디에, 있다
ホテルン　オディエ　イッタ

❺ ソウルでは誰に会いますか？
_____
ソウルでは、誰に会う
서울에서는, 누구를 만나다
ソウレソヌン　ヌグルル　マンナダ

❻ 誰が作りますか？
_____
誰が、作る
누가, 만들다
ヌガ　マンドゥルダ

答えと音声を確認しよう

+α ハムニダ体

「합니다(ハムニダ)体」は、かしこまった場面、アナウンス、案内文などフォーマルな場面でよく使われ、日本語のです・ます体にあたります。日常会話では「해요(ヘヨ)体」の方がよく使われますが、ハムニダ体も、自己紹介や店員との受け答え、ニュースなどいろいろな場面で使われるため、ぜひ覚えておきましょう。

自己紹介で使われるハムニダ体の文の例

처음 뵙겠습니다．(はじめまして)
チョウム ペプケッスムニダ

저는 스기타 마사코라고 합니다．(私は杉田政子と申します)
チョヌン スギタ マサコラゴ ハムニダ

잘 부탁합니다．(よろしくお願いします)
チャル プッタッカムニダ

A

① 항상 여기서 먹습니다．
ハンサン ヨギソ モクスムニダ

② 토요일에 한국에 갑니다．
トヨイレ ハングゲ カムニダ

③ 그때는 비행기를 탑니다．
クッテヌン ピヘンギルル タムニダ

④ 호텔은 어디에 있습니까?
ホテルン オディエ イッスムニッカ

⑤ 서울에서는 누구를 만납니까?
ソウレソヌン ヌグルル マンナムニッカ

⑥ 누가 만듭니까?
ヌガ マンドゥムニッカ

15 否定その2「〜しません」

私は食べません。

저는 안 먹어요.
チョヌン　アン　　モゴヨ

これだけ

「안」を使う否定「〜しません」
アン

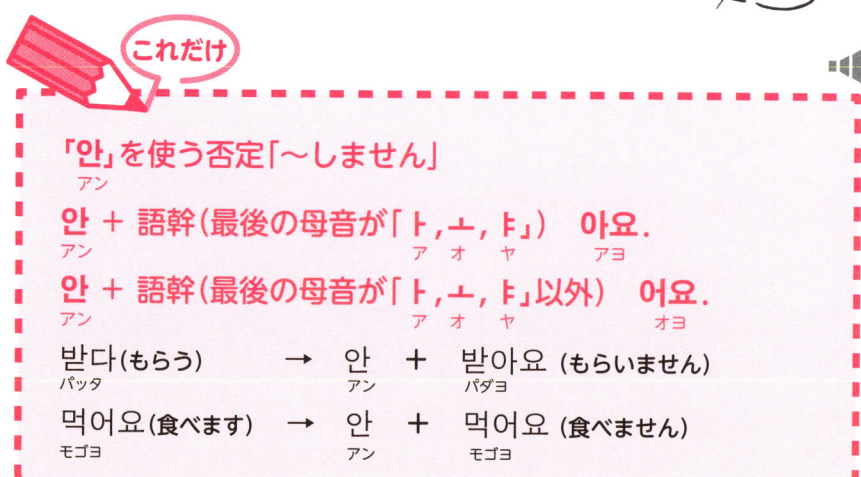

안 ＋ 語幹(最後の母音が「ㅏ,ㅗ,ㅑ」)　아요.
アン　　　　　　　　　　　　　ア　オ　ヤ　　　アヨ

안 ＋ 語幹(最後の母音が「ㅏ,ㅗ,ㅑ」以外)　어요.
アン　　　　　　　　　　　　　　ア　オ　ヤ　　　　オヨ

받다(もらう)　→　안 ＋ 받아요 (もらいません)
パッタ　　　　　　　アン　　パダヨ

먹어요(食べます)　→　안 ＋ 먹어요 (食べません)
モゴヨ　　　　　　　　アン　　モゴヨ

Q 単語をヒントに作文してみよう。

❶ 買いません。
_____

❷ 信じません。
_____

❸ 読みませんか？
_____

買います
사요
サヨ

信じます
믿어요
ミドヨ

読みます
읽어요
イルゴヨ

答えと音声を確認しよう

もっと1 否定「〜しません」：名詞＋「하다」の動詞

名詞 ＋ 하다 → 名詞 ＋ 안 ＋ 하다．
　　　　ハダ　　　　　　　　　　アン　　ハダ

전화해요（電話する）　→　전화 안 해요（電話しません）
チョナヘヨ　　　　　　　　　チョナ　アネヨ

연락해요（連絡する）　→　연락 안 해요（連絡しません）
ヨルラッケヨ　　　　　　　　ヨルラク アネヨ

＊「하다」の直前に「안」を置きます。
　　ハダ　　　　　　　アン

もっと2 「지 않아요」を使う否定「〜しません」
　　　　　　チ　アナヨ

語幹 ＋ 지 않아요．
　　　　　チ アナヨ

＊「않아요」は、「않다＋아요」。
　　アナヨ　　　アンタ　アヨ

만나요（会います）　→　만나지 않아요（会いません）
マンナヨ　　　　　　　　マンナジ　アナヨ

A

❶ 안 사요．
　アン サヨ

❷ 안 믿어요．
　アン ミドヨ

❸ 안 읽어요？
　アン イルゴヨ

まとめ

❶「안」を使う否定「〜しません」

안 + 語幹（最後の母音が「ㅏ, ㅗ, ㅑ」） 아요.

안 + 語幹（最後の母音が「ㅏ, ㅗ, ㅑ」以外） 어요.

❷ 否定「〜しません」：名詞 +「하다」の動詞

名詞 + 하다 → 名詞 + 안 + 하다.

❸「지 않아요」を使う否定「〜しません」

語幹 + 지 않아요.

Q 単語をヒントに作文してみよう。

❶ これは買いません。

> これは、買います
> 이것은, 사요

❷ 三浦さんは行きませんか？

> 三浦さんは、行きます
> 미우라 씨는, 가요

❸ いいえ、難しくありません。

> いいえ、難しいです
> 아뇨, 어려워요

❹ あれは辛くありませんか？

> あれは、辛いですか？
> 저것은, 매워요?

❺ 今回は準備しません。

> 今回は、準備します
> 이번에는, 준비해요

❻ 次の公演は予約しません。

> 次の公演は、予約します
> 다음 공연은, 예약해요

答えと音声を確認しよう

+α 2つの否定

否定には2つの形がありますが、会話では比較的「안+動詞/形容詞」がよく使われ、「語幹+지 않아요」は、書き言葉でよく使われます。形は2つあっても、日本語訳は同じです。

行きません。
안 가요.
アン ガヨ

가지 않아요.
カジ アナヨ

食べません。
안 먹어요.
アン モゴヨ

먹지 않아요.
モクチ アナヨ

A

❶ 이것은 안 사요.
イゴスン アン サヨ

❷ 미우라 씨는 안 가요?
ミウラッシヌン アン ガヨ

❸ 아뇨, 안 어려워요.
アニョ アン オリョウォヨ

❹ 저것은 안 매워요?
チョゴスン アン メウォヨ

❺ 이번에는 준비 안 해요.
イボネヌン チュンビ アネヨ

❻ 다음 공연은 예약 안 해요.
タウム コンヨヌン イェヤク アネヨ

まとめのドリル 3

1 助詞を入れてみよう。

① 한 시 ____ 만나요. （1時に会いましょう）
　ハン　シ　　　　マンナヨ

② 누구 ____ 받은 선물이에요? （誰からもらったプレゼントですか?）
　ヌグ　　　　パドゥン　ソンムリエヨ

③ 친구 ____ 전화해요. （友達に電話します）
　チング　　　チョヌァヘヨ

④ 역 앞 ____ 만나요. （駅前で会います）
　ヨガプ　　　　マンナヨ

2 「ㅂ니다/습니다」を使って書いてみよう。
　　　　ムニダ　　スムニダ

　　ありがとうございます。감사하다　→　감사합니다.
　　　　　　　　　　　　　　カムサハダ　　　　カムサハムニダ

① 勉強します。공부하다　→　_____
　　　　　　　コンブハダ

② 多いです。많다　→　_____
　　　　　　マンタ

③ 食べます。먹다　→　_____
　　　　　　モクタ

④ 行きます。가다　→　_____
　　　　　　カダ

3 「아요/어요」を使って書いてみよう。
　　　アヨ　オヨ

　　参鶏湯を食べます。삼계탕을　（食べる：먹다）　→　먹어요.
　　　　　　　　　　　サムゲタンウル　　　　　　モクタ　　　　モゴヨ

① 東京で暮らします。도쿄에서　（暮らす：살다）　→　_____
　　　　　　　　　　トキョエソ　　　　　　　　サルダ

❷ とてもおいしいです。아주 （おいしい：맛있다） → ＿＿＿＿＿
　　　　　　　　　　　アジュ　　　　　　　　マシッタ

❸ 天気がいいです。날씨가 （いい：좋다） → ＿＿＿＿＿
　　　　　　　　　　ナルシガ　　　　　　チョッタ

❹ たくさん笑います。많이 （笑う：웃다） → ＿＿＿＿＿
　　　　　　　　　　　マニ　　　　　　ウッタ

4 「안」을 使った否定文を作ってみよう。
　　アン

　　食べません。　（먹어요）　→　안 먹어요.
　　　　　　　　　モゴヨ　　　　アン　モゴヨ

❶ 買いません。　（사요）
　　　　　　　　サヨ

＿＿＿＿＿＿＿＿＿＿＿＿＿＿＿＿

❷ 読みませんか？　（읽어요）
　　　　　　　　　　イルゴヨ

＿＿＿＿＿＿＿＿＿＿＿＿＿＿＿＿

❸ 行きません。　（가요）
　　　　　　　　カヨ

＿＿＿＿＿＿＿＿＿＿＿＿＿＿＿＿

❹ 辛くありませんか？　（매워요）
　　　　　　　　　　　　メウォヨ

＿＿＿＿＿＿＿＿＿＿＿＿＿＿＿＿

こたえ

1 ❶ 한 시에 만나요.　❷ 누구한테서 받은 선물이에요?　❸ 친구한테 전화해요.
　　　ハン　シエ　マンナヨ　　ヌグハンテソ　パドゥン　ソンムリエヨ　　チングハンテ　チョヌァヘヨ
　　❹ 역 앞에서 만나요.
　　　ヨガッペソ　マンナヨ

2 ❶ 공부합니다.　❷ 많습니다.　❸ 먹습니다.　❹ 갑니다.
　　　コンブハムニダ　マンスムニダ　　モクスムニダ　　カムニダ

3 ❶ 살아요.　❷ 맛있어요.　❸ 좋아요.　❹ 웃어요.
　　　サラヨ　　マシッソヨ　　チョアヨ　　ウソヨ

4 ❶ 안 사요.　❷ 안 읽어요?　❸ 안 가요.　❹ 안 매워요?
　　　アン　サヨ　　アン　イルゴヨ　　アン　ガヨ　　アン　メウォヨ

コラム3

食事のマナー

　韓国と日本では、食事のマナーが違うことがあります。
　まず、韓国では食事の際にステンレス製の箸「젓가락」とスプーン「숟가락」を使います。いつもセットで使うので、この2つを合わせて「수저」と呼びます。日本では、一番手前に横に置きますが、韓国では食事の右側に縦に置きます。
　また、食器は基本的に持ち上げません。日本では、ご飯は箸で食べ、お味噌汁は器を持って食べますが、韓国では、ご飯とスープをスプーンで食べ、おかずは箸で食べます。食器は手に持たず、食卓に置いたまま食べます。
　そして、同席している人の中に目上の人や年配の方がいる場合は、その方が食べ始めてから箸をつけるようにしましょう。床に座って食べるとき、正座はしません。あぐらをかいても大丈夫です。

STEP 4

16 希望

おいしいものが食べたいです。

맛있는 것을 먹고 싶어요.
マシンヌン　ゴスル　モッコ　シッポヨ

これだけ

希望「〜したいです」
　語幹　＋　고 싶어요.
　　　　　　コ　シッポヨ

Q 単語をヒントに作文してみよう。

❶ この映画を見たいです。

この、映画を、見る
이, 영화를, 보다
イ　ヨンファルル　ポダ

❷ 景福宮に行きたいです。

景福宮に、行く
경복궁에, 가다
キョンボックンエ　カダ

❸ 友達にプレゼントをあげたいです。

友達に、プレゼントを、あげる
친구한테, 선물을, 주다
チングハンテ　ソンムルル　チュダ

答えと音声を確認しよう

もっと1

疑問「〜したいですか？」

語幹　＋　고 싶어요?
　　　　　　　コ　シッポヨ

何を食べたいですか？
뭘　먹고 싶어요?
ムォル　モッコ　シッポヨ

もっと2

尊敬の疑問「〜されたいですか？」

語幹　＋　고 싶으세요?
　　　　　　　コ　シップセヨ

どこへ行かれたいですか？
어디에 가고 싶으세요?
オディエ　カゴ　シップセヨ

希望 16

A

❶ 이 영화를 보고 싶어요.
　イ ヨンファルル ポゴ シッポヨ

❷ 경복궁에 가고 싶어요.
　キョンボックンエ カゴ　シッポヨ

❸ 친구한테 선물을 주고 싶어요.
　チングハンテ ソンムルル チュゴ シッポヨ

まとめ

❶ 希望「〜したいです」
語幹 ＋ **고 싶어요.**
　　　　　コ　シッポヨ

❷ 疑問「〜したいですか？」
語幹 ＋ **고 싶어요?**
　　　　　コ　シッポヨ

❸ 尊敬の疑問「〜されたいですか？」
語幹 ＋ **고 싶으세요?**
　　　　　コ　シップセヨ

Q 単語をヒントに作文してみよう。

❶ 何をしたいですか？
　何を、する
　뭘, 하다
　ムォル ハダ

❷ このカフェに行かれたいですか？
　この、カフェに、行く
　이, 카페에, 가다
　イ　カペエ　カダ

❸ 一緒に写真を撮りたいです。
　一緒に、写真を、撮る
　같이, 사진을, 찍다
　カッチ　サジヌル　ッチクタ

❹ 韓定食を食べたいです。
　韓定食を、食べる
　한정식을, 먹다
　ハンジョンシグル　モクタ

❺ 伝統茶を飲みたいです。
　伝統茶を、飲む
　전통차를, 마시다
　チョントンチャルル　マシダ

❻ 釜山にも行ってみたいです。
　釜山にも、行ってみる
　부산에도, 가 보다
　プサネド　カ　ボダ

答えと音声を確認しよう

+α 希望の否定

「〜したくありません」という、希望を否定するときは、希望の表現の動詞や形容詞の前に「안」を入れるか、「고 싶어요」の部分を「고 싶지 않아요」にします。
アン　　　　　　　　　　　　コ　シッポヨ
コ　シプチ　アナヨ

가고 싶어요. (行きたいです)　→　안 가고 싶어요.
カゴ　シッポヨ　　　　　　　　　　アン ガゴ　シッポヨ

　　　　　　　　　　　　　　　　가고 싶지 않아요.
　　　　　　　　　　　　　　　　カゴ　シプチ　アナヨ
　　　　　　　　　　　　　　　　(行きたくありません)

希望 16

A

❶ 뭘 하고 싶어요?
ムォル ハゴ シッポヨ

❷ 이 카페에 가고 싶으세요?
イ カペエ カゴ シプセヨ

❸ 같이 사진을 찍고 싶어요.
カッチ サジヌル ッチッコ シッポヨ

❹ 한정식을 먹고 싶어요.
ハンジョンシグル モッコ シッポヨ

❺ 전통차를 마시고 싶어요.
チョントンチャルル マシゴ シッポヨ

❻ 부산에도 가 보고 싶어요.
プサネド カ ボゴ シッポヨ

17 「〜が好きです」

柚子茶が好きです。

유자차를 좋아해요.
ユジャチャルル　　　チョアヘヨ

これだけ

「〜が好きです」
名詞（パッチム 無/有） ＋ 를/을　좋아해요．
　　　　　　　　　　　　　ルル　ウル　　チョアヘヨ

＊韓国語では「〜が好きです」ではなく「〜を好きです」と表現する。

Q 単語をヒントに作文してみよう。

❶ おもしろいドラマが好きです。

　おもしろい、ドラマ
　재미있는, 드라마
　チェミインヌン　トゥラマ

❷ 参鶏湯（サムゲタン）が好きです。

　参鶏湯
　삼계탕
　サムゲタン

❸ 俳優は、チョ・ウソンさんが好きです。

　俳優は、チョ・ウソンさん
　배우는, 조우성 씨
　ペウヌン　チョウソンッシ

答えと音声を確認しよう

もっと1 疑問「〜が好きですか？」

〜를/을 좋아해요?
ルル ウル チョアヘヨ

伝統茶が好きですか？
전통차를 좋아해요?
チョントンチャルル チョアヘヨ

もっと2 「〜が嫌いです」

〜를/을 싫어해요.
ルル ウル シロヘヨ

野菜が嫌いです。
야채를 싫어해요.
ヤチェルル シロヘヨ

〜が好きです 17

A

① 재미있는 드라마를 좋아해요.
チェミインヌン トゥラマルル チョアヘヨ

② 삼계탕을 좋아해요.
サムゲタンウル チョアヘヨ

③ 배우는 조우성 씨를 좋아해요.
ペウヌン チョウソン ッシルル チョアヘヨ

099

まとめ

❶ 「～が好きです」
名詞(パッチム 無/有) ＋ 를/을　좋아해요．
　　　　　　　　　　　ルル　ウル　チョアヘヨ

❷ 疑問「～が好きですか？」
～를/을　좋아해요？
　ルル　ウル　チョアヘヨ

❸ 「～が嫌いです」
～를/을　싫어해요．
　ルル　ウル　シロヘヨ

Q 単語をヒントに作文してみよう。

❶ お酒が好きです。

> お酒
> 술
> スル

❷ 韓国料理は、何が好きですか？

> 韓国料理は、何
> 한국 음식은, 무엇
> ハングゥムシグン　ムオッ

❸ 猫がとても好きです。

> 猫、とても
> 고양이, 아주
> コヤンイ　アジュ

❹ K-POPが好きです。

> K-POP
> 케이팝
> ケイパプ

❺ 辛い食べ物が嫌いですか？

> 辛い食べ物
> 매운 음식
> メウン　ウムシク

❻ 私も韓国が好きです。

> 私も、韓国
> 저도, 한국
> チョド　ハングク

答えと音声を確認しよう

+α 対になる表現

「좋아해요」(好きです)と「싫어해요」(嫌いです)のように、対になる表現はほかにもあります。

알다(知る、わかる) ←→ **모르다**(知らない、わからない)
アルダ　　　　　　　　　　　　　　モルダ

저 사람을 알아요?(あの人を知ってますか?)
チョ　サラムル　アラヨ

몰라요.(知りません)
モルラヨ

있다(ある、いる) ←→ **없다**(ない、いない)
イッタ　　　　　　　　　　　　オプタ

다케다 씨, 있어요?(武田さん、いますか?)
タケダ　ッシ　イッソヨ

지금 없어요.(今、いません)
チグム　オプソヨ

「〜が好きです」
17

A

❶ 술을 좋아해요.
スルル チョアヘヨ

❷ 한국 음식은 무엇을 좋아해요?
ハンググムシグン ムオスル チョアヘヨ

❸ 고양이를 아주 좋아해요.
コヤンイルル アジュ チョアヘヨ

❹ 케이팝을 좋아해요.
ケイパブル チョアヘヨ

❺ 매운 음식을 싫어해요?
メウン ウムシグル シロヘヨ

❻ 저도 한국을 좋아해요.
チョド ハンググル チョアヘヨ

18 疑問詞

次は、いつ来ますか？

다음에 언제 와요?
タウメ　　オンジェ　　ワヨ

これだけ

いつ	언제 オンジェ	何(なに)	무엇 ムオッ
どこ	어디 オディ	何(なん)、いくつ	몇 ミョッ
誰	누구 ヌグ	いくら	얼마 オルマ
どのように	어떻게 オットッケ	なぜ	왜 ウェ
どんな	어떤 オットン		

Q 単語をヒントに作文してみよう。

❶ いつ行きますか？

　行きますか？
　가요?
　カヨ

❷ どこですか？

　ですか？
　예요?
　エヨ

❸ いくらですか？

　ですか？
　예요?
　エヨ

答えと音声を確認しよう

もっと1

「무엇」(何)は、会話では縮約した「뭐」の形でよく使われる。

これ、何ですか？
이거 뭐예요？
イゴ　ムォエヨ

もっと2

「누구」(誰)は、「誰が」というとき「누가」になる。
　　ヌグ　　　　　　　　　　　　　　　　　　　ヌガ

誰が来ますか？
누가 와요？
ヌガ　ワヨ

A

❶ 언제 가요？
　オンジェ ガヨ

❷ 어디예요？
　オディエヨ

❸ 얼마예요？
　オルマエヨ

まとめ

❶

いつ	언제 オンジェ	何(なに)	무엇 ムオッ
どこ	어디 オディ	何(なん)、いくつ	몇 ミョッ
誰	누구 ヌグ	いくら	얼마 オルマ
どのように	어떻게 オットッケ	なぜ	왜 ウェ
どんな	어떤 オットン		

❷ 「**무엇**」(何)は、会話では縮約した「**뭐**」の形でよく使われる。
　　ムオッ　　　　　　　　　　　　　　　　　ムォ

❸ 「**누구**」(誰)は、「誰が」というとき「**누가**」になる。
　　ヌグ　　　　　　　　　　　　　　　　　　ヌガ

Q 単語をヒントに作文してみよう。

❶ 誰と一緒に行きますか？

と、一緒に、行きますか？
하고, 같이, 가요?
ハゴ　カッチ　カヨ

❷ そこまでは、どのように行ったらいいですか？

そこまでは、行ったらいいですか？
거기까지는, 가면 돼요?
コギッカジヌン　カミョン トゥェヨ

❸ どんなものをお探しですか？

ものを、お探しですか？
것을, 찾으세요?
コスル　チャジュセヨ

❹ 何を買いたいですか？

買いたいですか？
사고 싶어요?
サゴ　シッポヨ

❺ 何時に出発しますか？

時に、出発しますか？
시에, 출발해요?
シエ　チュルバレヨ

❻ どうしてですか？

ですか？
요?
ヨ

答えと音声を確認しよう

+α 2つの「何」

「무엇」「뭐」と「몇」は、どちらも日本語では「何」です。
「무엇」「뭐」は「名前は何ですか？」「これは何ですか？」など、事物を指す「何」で、「몇」は「何時ですか？」「何名様ですか？」など、数や数量に対して使います。

이것은 한국어로 뭐라고 해요?
イゴスン　ハングゴロ　ムォラゴ　ヘヨ
(これは韓国語で何と言いますか？)

몇 시예요?
ミョッシエヨ
(何時ですか？)

A

❶ 누구하고 같이 가요?
ヌグハゴ カッチ ガヨ

❷ 거기까지는 어떻게 가면 돼요?
コギッカジヌン オットッケ ガミョン トゥェヨ

❸ 어떤 것을 찾으세요?
オットン ゴスル チャジュセヨ

❹ 무엇을 사고 싶어요?
ムオスル サゴ シッポヨ

❺ 몇 시에 출발해요?
ミョッシエ チュルバレヨ

❻ 왜요?
ウェヨ

19 漢数詞

私の誕生日は5月10日です。

제 생일은 5월 10일이에요.
チェ　センイルン　オウォル　シビリエヨ

これだけ

日付や値段は、漢数詞を使う。

一	二	三	四	五	六	七	八	九	十
일	이	삼	사	오	육	칠	팔	구	십
イル	イ	サム	サ	オ	ユク	チル	パル	ク	シプ

Q 単語をヒントに作文してみよう。

❶ 今日は5月3日です。

今日は、月、日です
오늘은, 월, 일이에요
オヌルン　ウォル　イリエヨ

❷ 1日は日曜日ですか？

日は、日曜日ですか？
일은, 일요일이에요?
イルン　イリョイリエヨ

❸ 家から駅まで10分かかります。

家から、駅まで、分、かかります
집에서, 역까지, 분, 걸려요
チベソ　ヨッカジ　プン　コルリョヨ

答えと音声を確認しよう

もっと1

「十」「百」「千」「万」は、
数字に「십」「백」「천」「만」をつける。
  シプ　ペク　チョン　マン

30
삼십
サムシプ

3万
삼만
サムマン

このカバンは3万ウォンです。
이 가방은 삼만 원이에요.
イ　カバンウン　サムマヌォニエヨ

*ただし、「1」に「十」「百」「千」「万」をつけるときは、「1」を省略。

もっと2

疑問「〜月」

何月　→　何　＋　月
몇 월　　　몇　　　월
ミョドォル　ミョッ　ウォル

新しいアルバムは、何月に出ますか？
새 앨범은 몇 월에 나와요?
セ　エルボムン　ミョドォレ　ナワヨ

A

❶ 오늘은 오 월 삼 일이에요.
　オヌルン オ ウォル サミリエヨ

❷ 일 일은 일요일이에요?
　イリルン イリョイリエヨ

❸ 집에서 역까지 십 분 걸려요.
　チベソ ヨッカジ シップン コルリョヨ

まとめ

❶ 日付や値段は、漢数詞を使う。

一	二	三	四	五	六	七	八	九	十
일 イル	이 イ	삼 サム	사 サ	오 オ	육 ユク	칠 チル	팔 パル	구 ク	십 シプ

❷ 「十」「百」「千」「万」は、数字に「십」「백」「천」「만」をつける。
  シプ　ペク　チョン　マン

❸ 疑問「～月」

何月 → 何 ＋ 月
몇 월　　**몇**　　　**월**
ミョドォル　ミョッ　　ウォル

Q 単語をヒントに作文してみよう。

❶ 携帯電話の番号は、何番ですか？

> 携帯電話は、番ですか？
> 핸드폰 번호가, 번이에요?
> ヘンドゥポン ボノガ　　ボニエヨ

❷ 1234-4321です。

> の、です
> 의, 이에요
> エ　イエヨ

❸ 8月に韓国に行きますか？

> 月に、韓国に、行きますか？
> 월에, 한국에, 가요?
> ウォレ　ハングゲ　カヨ

❹ 9月に行きます。

> 月に、行きます
> 월에, 가요
> ウォレ　カヨ

❺ 映画は、30分後に始まります。

> 映画は、分後に、始まります
> 영화는, 분 후에, 시작해요
> ヨンファヌン プン フエ　シジャッケヨ

❻ このDVDは、4万ウォンです。

> このDVDは、ウォンです
> 이 디브이디는, 원이에요
> イ ティブイディヌン　ウォニエヨ

答えと音声を確認しよう

+α 「1万」「6月」「10月」などの数字の例外的使い方

日本語で「1,000円」は、「いっせんえん」と言わないように、韓国語でも「1」をつけず、「천 원」とします。日本語では、「1万円」は、「いちまんえん」と言いますが、韓国語では「1」をつけず、「만」とします。
チョノォン　　　　　　　　　　　　　　　　　　　　　　　　　　　　　　　マン

만 오천 원이에요.（1万5千ウォンです）
マノチョノォニエヨ

また、月は漢数詞に「월」をつければよいのですが、「6月」と「10月」は、少し変化させなければなりません。「육」(6)を「유」にして「유월」(6月)に、「십」(10)を「시」にして「시월」(10月)とします。
　　　　　　　　ウォル　　　　　　　　　　　　　　　　　　　　　　　　　　　　　　　　ユク　　　　ユ
　　　　　　　　　　　　　　　　　　　　ユウォル　　　　　　シプ　　　　シ　　　シウォル

시월 십 일
シウォル　シビル
(10月10日)

漢数詞
19

A

❶ 핸드폰 번호가 몇 번이에요？
　ヘンドゥポン ボノガ ミョッ ポニエヨ

❷ 일이삼사의 사삼이일이에요.
　イル イ サム サエ ササム イイリエヨ

❸ 팔 월에 한국에 가요？
　パルォレ ハングゲ カヨ

❹ 구 월에 가요.
　ク ウォレ カヨ

❺ 영화는 삼십 분 후에 시작해요.
　ヨンファヌン サムシップン フエ シジャッケヨ

❻ 이 디브이디는 사만 원이에요.
　イ ティブイディヌン サマノニエヨ

109

20 固有数詞

これ、1つください。

이거 하나 주세요.
イゴ　　ハナ　　ジュセヨ

これだけ

「1つ」「2つ」や物を数えるとき、固有数詞を使う。

1	2	3	4	5	6	7	8	9	10
하나 ハナ	둘 トゥル	셋 セッ	넷 ネッ	다섯 タソッ	여섯 ヨソッ	일곱 イルゴプ	여덟 ヨドル	아홉 アホプ	열 ヨル
한 ハン	두 トゥ	세 セ	네 ネ						

＊11〜19は、それぞれの数を組み合わせる。
　19　열아홉
　　　ヨラホプ
＊1〜4に単位をつけるときは、「하나」「둘」「셋」「넷」ではなく、「한」「두」「세」「네」を使う。
　　　　　　　　　　　　　　　ハナ　トゥル セッ ネッ　　　　　　 ハン トゥ セ ネ

한 시、두 시、열한 시、열두 시（1時、2時、11時、12時）
ハンシ　トゥシ　ヨランシ　ヨルトゥシ

Q 単語をヒントに作文してみよう。

❶ 5時に来てください。

_____

時に、来てください
시에, 오세요
シエ　　オセヨ

❷ 10個ください。

_____

個、ください
개, 주세요
ケ　ジュセヨ

❸ 3人です。

_____

人です
명이에요
ミョンイエヨ

答えと音声を確認しよう

もっと1

「20」は「스물」ですが、単位をつけるときは「스무」を使う。
スムル　　　　　　　　　　　　　　　スム

20歳
스무 살
スム　サル

＊「21」から「29」は스물を使う。
　　　　　　　　　スムル

もっと2

「時」「時間」「歳」「個」「人」「名(様)」「回」などの単位をつけるとき、固有名詞を使う。

時	時間	歳	個	人	名(様)	回
시 シ	시간 シガン	살 サル	개 ケ	명 ミョン	분 プン	번 ポン
10時 열 시 ヨル シ	2時間 두 시간 トゥ シガン	15歳 열다섯 살 ヨルタソッ サル	5個 다섯 개 タソッ ケ	2人 두 명 トゥ ミョン	3名様 세 분 セ プン	4回 네 번 ネ ポン

A

① 다섯 시에 오세요.
　タソッ シエ オセヨ

② 열 개 주세요.
　ヨル ケ ジュセヨ

③ 세 명이에요.
　セ ミョンイエヨ

まとめ

❶「1つ」「2つ」や物を数えるとき、固有数詞を使う。

1	2	3	4	5	6	7	8	9	10
하나 ハナ	둘 トゥル	셋 セッ	넷 ネッ	다섯 タソッ	여섯 ヨソッ	일곱 イルゴプ	여덟 ヨドル	아홉 アホプ	열 ヨル
한 ハン	두 トゥ	세 セ	네 ネ						

❷「20」は「스물」ですが、単位をつけるときは「스무」を使う。
　　　　　スムル　　　　　　　　　　　　　　　　　　　スム

❸「時」「時間」「歳」「個」「人」「名(様)」「回」などの単位をつけるとき、固有名詞を使う。

時	時間	歳	個	人	名(様)	回
시 シ	시간 シガン	살 サル	개 ケ	명 ミョン	분 プン	번 ポン

Q 単語をヒントに作文してみよう。

❶ 10歳です。

歳です
살이에요
サリエヨ

❷ うちの家族は4人です。

家族は、人です
우리 가족은, 명이에요
ウリ　カジョグン　ミョンイエヨ

❸ 韓国には2回来ました。

韓国には、回、来ました
한국에는, 번, 왔어요
ハングゲヌン　ポン　ワッソヨ

❹ 1時間かかります。

時間、かかります
시간, 걸려요
ジガン　コルリョヨ

❺ 2時から5時まで。

時、から、まで
시, 부터, 까지
シ　プット　ッカジ

❻ 3個だけください。

個、だけ、ください
개, 만, 주세요
ケ　マン　ジュセヨ

答えと音声を確認しよう

+α 30以上の固有数詞

30以上の固有数詞は、次の通りです。固有数詞は、99まで存在します。それ以上は、漢数詞を使います。

30	40	50	60	70	80	90
서른	마흔	쉰	예순	일흔	여든	아흔
ソルン	マフン	シュィン	イエスン	イルン	ヨドゥン	アフン

A

❶ 열 살이에요.
ヨル サリエヨ

❷ 우리 가족은 네 명이에요.
ウリ カジョグン ネ ミョンイエヨ

❸ 한국에는 두 번 왔어요.
ハングゲヌン トゥ ボン ワッソヨ

❹ 한 시간 걸려요.
ハン シガン コルリョヨ

❺ 두 시부터 다섯 시까지.
トゥ シブット タソッ シッカジ

❻ 세 개만 주세요.
セ ゲマン ジュセヨ

まとめのドリル 4

1 「고 싶어요」（〜したいです）を使って書いてみよう。

① ドラマを見たいです。（見る：보다）
　드라마를 _____

② 韓国語を勉強したいです。（勉強する：공부하다）
　한국어를 _____

③ 景福宮（キョンボックン）に行きたいです。（行く：가다）
　경복궁에 _____

④ 何をしたいですか？（する：하다）
　뭘 _____

2 韓国語で書いてみよう。

① _____ 가요？　（いつ行きますか？）

② _____ 예요？　（いくらですか？）

③ _____ 예요？　（どこですか？）

④ _____ 요？　（どうしてですか？）

3 漢数詞を入れてみよう。

① 今日は5月3日です。오늘은 ＿＿월 ＿＿ 일이에요．
　　　　　　　　　　オヌルン　　ウォル　　　イリエヨ

② 家から駅まで10分です。집에서 역까지 ＿＿ 분이에요．
　　　　　　　　　　　　チベソ　ヨッカジ　　　プニエヨ

③ このDVDは、4万ウォンです。이 디브이디는 ＿＿ 원이에요．
　　　　　　　　　　　　　　　イ　ティブイディヌン　　ウォニエヨ

④ 1万5千ウォンです。＿＿ ＿＿ 원이에요．
　　　　　　　　　　　　　　　　ウォニエヨ

4 固有数詞を入れてみよう。

① 10個ください。＿＿ 개 주세요．
　　　　　　　　　　　ケ　ジュセヨ

② 5時に来てください。＿＿ 시에 오세요．
　　　　　　　　　　　　　　シエ　　オセヨ

③ 1時間かかります。＿＿ 시간 걸려요．
　　　　　　　　　　　　　シガン　コルリョヨ

④ 3人です。＿＿ 명이에요．
　　　　　　　　　　ミョンイエヨ

こたえ

1 ① 드라마를 보고 싶어요．　② 한국어를 공부하고 싶어요．
　　　　トゥラマルル　ポゴ　シッポヨ　　　ハングゴルル　コンブハゴ　シッポヨ
　　③ 경복궁에 가고 싶어요．　④ 뭘 하고 싶어요？
　　　キョンボックンエ　カゴ　シッポヨ　　ムォル　ハゴ　シッポヨ

2 ① 언제 가요？　② 얼마예요？　③ 어디예요？　④ 왜요？
　　　オンジェ　ガヨ　　オルマエヨ　　　オディエヨ　　　ウェヨ

3 ① 오늘은 오 월 삼 일이에요．　② 집에서 역까지 십 분이에요．
　　　オヌルン　オ　ウォル　サミリエヨ　　チベソ　ヨッカジ　シッ　プニエヨ
　　③ 이 디브이는 사만 원이에요．　④ 만 오천 원이에요．
　　　イ　ティブイディヌン　サマヌォニエヨ　　マン　オチョヌォニエヨ

4 ① 열 개 주세요．　② 다섯 시에 오세요．　③ 한 시간 걸려요．　④ 세 명이에요．
　　　ヨル　ケ　ジュセヨ　　タソッ　シエ　オセヨ　　　ハン　シガン　コルリョヨ　　セ　ミョンイエヨ

コラム 4

呼び方、呼称

　相手の呼び方についてご紹介します。「お兄さん」と「お姉さん」に当たる韓国語は、女性から見た場合と、男性から見た場合で違います。

女性から見た場合　　　兄 → 오빠　　　姉 → 언니
　　　　　　　　　　　　　 オッパ　　　　　　オンニ

男性から見た場合　　　兄 → 형　　　　姉 → 누나
　　　　　　　　　　　　　 ヒョン　　　　　　 ヌナ

　これらの表現は、家族だけでなく、親しい年上の人に対しても使えます。相手の名前につけて「○○ 오빠」や「○○ 언니」のように使われます。
　　　　　　　　　　　　　オッパ　　　　オンニ
　また、相手の名前を「○○さん」と呼ぶときは、フルネームに「～ 씨」(～さん)をつけます。下の名前に「～ 씨」をつけて呼ぶこともできます。ただ、苗字に「～ 씨」をつけて「김 씨」(キムさん)のように呼ぶと、失礼になりますので注意してください。

STEP 5

21 尊敬形

またいらしてください。

또 오세요.
ット　オセヨ

これだけ

動詞や形容詞の尊敬形「〜なさいます」「お〜ます」

語幹（パッチム 無 / 有 ）　+　세요/으세요.
　　　　　　　　　　　　　　　セヨ　　ウセヨ

Q 単語をヒントに作文してみよう。

❶ 絶対に見てください。
_____

❷ お受け取りください。
_____

❸ お座りください。
_____

絶対に、見る
꼭, 보다
ッコク　ポダ

受け取る
받다
パッタ

座る
앉다
アンッタ

答えと音声を確認しよう

もっと1 疑問の尊敬形「〜なさいますか？」「お〜ますか？」
動詞や形容詞（パッチム 無 / 有 ）＋ 세요/으세요？
　　　　　　　　　　　　　　セヨ　ウセヨ

何をお探しですか？
뭘 찾으세요?
ムォル チャジュセヨ

もっと2 禁止の尊敬形「〜なさらないでください」「〜しないでください」
語幹　＋　지 마세요.
　　　　　　チ　マセヨ

行かないでください。
가지 마세요.
カジ　マセヨ

忘れないでください。
잊지 마세요.
イッチ　マセヨ

尊敬形 21

A
❶ 꼭 보세요.
　ッコク ポセヨ

❷ 받으세요.
　パドゥセヨ

❸ 앉으세요.
　アンジュセヨ

まとめ

❶ 動詞や形容詞の尊敬形「〜なさいます」「お〜ます」
語幹（パッチム 無 / 有 ） ＋ **세요/으세요.**
　　　　　　　　　　　　　　　セヨ　　ウセヨ

❷ 疑問の尊敬形「〜なさいますか？」「お〜ますか？」
動詞や形容詞（パッチム 無 / 有 ） ＋ **세요/으세요?**
　　　　　　　　　　　　　　　　　セヨ　　ウセヨ

❸ 禁止の尊敬形「〜なさらないでください」「〜しないでください」
語幹　＋　**지 마세요.**
　　　　　　チ　マセヨ

Q 単語をヒントに作文してみよう。

❶ 何をお読みですか？
　_____

> 何を、読む
> 뭘, 읽다
> ムォル　イクタ

❷ よい週末をお過ごしください。
　_____

> いい週末を、過ごす
> 좋은 주말을, 보내다
> チョウン　チュマルル　ポネダ

❸ お元気でいてください。
　_____

> 元気でいる
> 건강하게 지내다
> コンガンハゲ　チネダ

❹ こちらをご覧ください。
　_____

> こちらを、見る
> 이쪽을, 보다
> イッチョグル　ポダ

❺ 何名、来られますか？
　_____

> 何名、来る
> 몇 분, 오다
> ミョップン　オダ

❻ 今、時間おありですか？
　_____

> 今、時間、ある
> 지금, 시간, 있다
> チグム　シガン　イッタ

答えと音声を確認しよう

+α 日本と韓国での、尊敬表現のイメージの違い

日本語で「ご覧になります」や「お行きになる」と言うと、堅苦しく、かなりかしこまった印象がありますが、韓国語では丁寧な印象を与えます。そのため、日常会話でも好んで使われます。お店で接客されるときや、テレビ番組の司会者が視聴者に話しかけるときなどに耳にすることがあると思います。

A

❶ 뭘 읽으세요?
ムォル イルグセヨ

❷ 좋은 주말을 보내세요.
チョウン チュマルル ポネセヨ

❸ 건강하게 지내세요.
コンガンハゲ チネセヨ

❹ 이쪽을 보세요.
イッチョグル ポセヨ

❺ 몇 분 오세요?
ミョップン オセヨ

❻ 지금 시간 있으세요?
チグム シガン イッスセヨ

22 尊敬語

今、いらっしゃいません。

지금 안 계세요.
チグム　アン　ゲセヨ

これだけ

尊敬にするとき単語を変化させるのではなく、別の尊敬語がある単語も。

먹어요（食べます）
モゴヨ
마셔요（飲みます）　→　드세요（召し上がります／お召し上がりください）
マショヨ　　　　　　　　トゥセヨ

있어요（います）　→　계세요（いらっしゃいます）
イッソヨ　　　　　　　ケセヨ

없어요（いません）　→　안 계세요（いらっしゃいません）
オプソヨ　　　　　　　　アン　ゲセヨ

Q 単語をヒントに作文してみよう。

❶ たくさんお召し上がりください。

　たくさん
　많이
　マニ

❷ 先生は教室にいらっしゃいます。

　先生は、教室に
　선생님은, 교실에
　ソンセンニムン　キョシレ

❸ ナムチーム長は、今いらっしゃいません。

　ナムチーム長は、今
　남 팀장님은, 지금
　ナム ティムジャンニムン　チグム

答えと音声を確認しよう

もっと1 尊敬の意味を持つ名詞

사람(人) サラム	→	분(方) プン
집(家) チプ	→	댁(お宅) テク
아버지(お父さん) アボジ	→	아버님(お父様) アボニム
어머니(お母さん) オモニ	→	어머님(お母様) オモニム
말(話) マル	→	말씀(お言葉) マルスム

もっと2 「おありです」と「いらっしゃいます」

韓国語は「あります」も「います」ですが、尊敬の意味にする際はそれぞれ「있으세요」、「계세요」となります。
　　　　　　　　　　　　イッスセヨ　　　ケセヨ

お時間おありですか？
시간이 있으세요？
シガニ　　イッスセヨ

先生はいらっしゃいますか？
선생님이 계세요？
ソンセンニミ　ケセヨ

A

❶ 많이 드세요.
　マニ トゥセヨ

❷ 선생님은 교실에 계세요.
　ソンセンニムン キョシレ ケセヨ

❸ 남 팀장님은 지금 안 계세요.
　ナム ティムジャンニムン チグム アン ゲセヨ

まとめ

❶ 尊敬にするとき単語を変化させるのではなく、別の尊敬語がある単語も。

먹어요, 마셔요(食べます)(飲みます)→드세요(召し上がります／お召し上がりください)
モゴヨ　マショヨ　　　　　　　　　　　　　トゥセヨ

있어요(います)→계세요(いらっしゃいます)
イッソヨ　　　　　ケセヨ

없어요(いません)→안 계세요(いらっしゃいません)
オプソヨ　　　　　　アン ゲセヨ

❷ 尊敬の意味を持つ名詞

사람(人)→분(方)　　집(家)→댁(お宅)　　말(話)→말씀(お言葉)
サラム　　プン　　　チプ　　テク　　　　マル　　マルスム

아버지(お父さん)→아버님(お父様)　　어머니(お母さん)→어머님(お母様)
アボジ　　　　　アボニム　　　　　　オモニ　　　　　オモニム

❸ 「おありです」と「いらっしゃいます」は、「있으세요」と「계세요」。
　　　　　　　　　　　　　　　　　　　　イッスセヨ　　　ケセヨ

Q 単語をヒントに作文してみよう。

❶ 韓国の方でいらっしゃいますか？

> 韓国の、でいらっしゃいますか？
> 한국, 이세요?
> ハングク　イセヨ

❷ あの方、社長さんじゃありませんよね？

> あの、社長さんじゃありませんよね？
> 저, 사장님이 아니시죠?
> チョ　サジャンニミ　アニシジョ

❸ どこにいらっしゃいますか？

> どこに
> 어디에
> オディエ

❹ お父様は、来られましたか？

> は、来られましたか？
> 은, 오셨어요?
> ウン　オショッソヨ

❺ お母様は、さっき来られました。

> は、さっき、来られました
> 은, 아까, 오셨어요
> ウン　アッカ　オショッソヨ

❻ そのお言葉は、どういう意味でしょう？

> その、は、どういう意味でしょう？
> 그, 은, 무슨 뜻이죠?
> ク　ウン　ムスン　ットゥシジョ

答えと音声を確認しよう

+α 2通りの「さようなら」

韓国語の「さようなら」は2通りあります。

自分がその場に残り相手が立ち去る場合

　안녕히 가세요.
　アンニョンイ　ガセヨ

逆に、自分が立ち去り相手がその場に残る場合

　안녕히 계세요.
　アンニョンイ　ゲセヨ

「안녕히 가세요.」(お行きください)と「안녕히 계세요.」(いらしてください)には、それぞれ「元気でお行きください」「お元気でいらしてください」という尊敬の意味が含まれています。

尊敬語

A

❶ 한국 분이세요?
　ハングク プニセヨ

❷ 저분, 사장님이 아니시죠?
　チョブン　サジャンニミ アニシジョ

❸ 어디에 계세요?
　オディエ ケセヨ

❹ 아버님은 오셨어요?
　アボニムン オショッソヨ

❺ 어머님은 아까 오셨어요.
　オモニムン アッカ オショッソヨ

❻ 그 말씀은 무슨 뜻이죠?
　クマルスムン ムスン ットゥシジョ

23 過去形（ヘヨ体パッチム有）

プレゼントをもらいました。

선물을 받았어요.
ソンムルル　　パダッソヨ

これだけ

まず、単語の基本形の最後の「다」を取る。

먹다（食べる）　→　먹
モクタ　　　　　　　モク　＊「다」を取った形を「語幹（ごかん）」と呼ぶ。

次に、語幹の最後にパッチムがある場合、

語幹（最後の母音が「ㅏ,ㅗ,ㅑ」）　＋　았어요.
　　　　　　　　　　ア　オ　ヤ　　　　　アッソヨ

語幹（最後の母音が「ㅏ,ㅗ,ㅑ」以外）　＋　었어요.
　　　　　　　　　　ア　オ　ヤ　　　　　　　オッソヨ

받다（もらう）　→받　＋　았어요　＝　받았어요（もらいます）
パッタ　　　　　　パッ　　　アッソヨ　　　　パダッソヨ

먹다（食べる）　→먹　＋　었어요　＝　먹었어요（食べます）
モクタ　　　　　　モク　　　オッソヨ　　　　モゴッソヨ

Q 単語をヒントに作文してみよう。

❶ 韓定食を食べました。

韓定食を、食べる
한정식을, 먹다
ハンジョンシグル　モクタ

❷ おいしかったです。

おいしい
맛있다
マシッタ

❸ 連絡をもらいました。

連絡を、もらう
연락을, 받다
ヨルラグル　パッタ

答えと音声を確認しよう

もっと1 疑問「～したのですか？」

動詞や形容詞(「ㅏ,ㅗ,ㅑ/「ㅏ,ㅗ,ㅑ」以外) ＋ 았어요/었어요?
　　　　　アオヤ　　アオヤ　　　　　　　アッソヨ　オッソヨ

プレゼントをもらいましたか？
선물을 받았어요？
ソンムルル　パダッソヨ

おいしかったですか？
맛있었어요？
マシッソッソヨ

もっと2 尊敬形の過去「～されました」「～になりました」

語幹（パッチム 無 / 有 ） ＋ 셨어요/으셨어요.
　　　　　　　　　　　　　　　ショッソヨ　ウショッソヨ

보다(見る)　　　→　보셨어요(ご覧になりました)
ポダ　　　　　　　　ポショッソヨ
받다(受け取る)　→　받으셨어요(お受け取りになりました)
パッタ　　　　　　　パドゥショッソヨ

A
① 한정식을 먹었어요.
　ハンジョンシグル　モゴッソヨ
② 맛있었어요.
　マシッソッソヨ
③ 연락을 받았어요.
　ヨルラグル　パダッソヨ

まとめ

❶ まず、単語の基本形の最後の「다」を取る。

먹다（食べる） → 먹
モクタ　　　　　　　モク　　＊「다」を取った形を「語幹（ごかん）」と呼ぶ。

次に、語幹の最後にパッチムがある場合、

語幹（最後の母音が「ㅏ,ㅗ,ㅑ」）　＋　았어요.
　　　　　　　　　　ア オ ヤ　　　　　　アッソヨ

語幹（最後の母音が「ㅏ,ㅗ,ㅑ」以外）　＋　었어요.
　　　　　　　　　　ア オ ヤ　　　　　　　オッソヨ

❷ 疑問「〜したのですか？」

動詞や形容詞（「ㅏ,ㅗ,ㅑ」/「ㅏ,ㅗ,ㅑ」以外）　＋　았어요/었어요？
　　　　　　　　ア オ ヤ　　ア オ ヤ　　　　　　アッソヨ　オッソヨ

❸ 尊敬形の過去「〜されました」「〜になりました」

語幹（パッチム 無 / 有 ）　＋　셨어요/으셨어요.
　　　　　　　　　　　　　　　ショッソヨ　ウショッソヨ

Q 単語をヒントに作文してみよう。

❶ 花束をもらいました。

　_____

| 花束を、もらう |
| 꽃다발을, 받다 |
| ッコッタバルル　パッタ |

❷ 韓国では何が一番良かったですか？

　_____

| 韓国では、何が、一番、良い |
| 한국에서는, 뭐가, 가장, 좋다 |
| ハングゲソヌン　ムォガ　カジャン　チョッタ |

❸ とても格好よかったです。

　_____

| とても、格好いい |
| 아주, 멋있다 |
| アジュ　モシッタ |

❹ たくさん泣きました。

　_____

| たくさん、泣く |
| 많이, 울다 |
| マニ　ウルダ |

❺ おもしろかったですか？

　_____

| おもしろい |
| 재미있다 |
| チェミイッタ |

❻ 大丈夫でしたか？

　_____

| 大丈夫だ |
| 괜찮다 |
| ケンチャンタ |

答えと音声を確認しよう

+α 過去の形で「〜(し)ている」を表すもの

次の例は、過去形で「〜(し)ている」という意味を表します。

닮았어요.（似ています）　← 直訳：似ました
タルマッソヨ

결혼했어요.（結婚しています）　← 直訳：結婚しました
キョロネッソヨ

입었어요.（着ています）　← 直訳：着ました
イボッソヨ

過去形（ヘヨ体パッチム有）

A

❶ 꽃다발을 받았어요.
ッコッタバルル パダッソヨ

❷ 한국에서는 뭐가 가장 좋았어요?
ハングゲソヌン ムォガ カジャン チョアッソヨ

❸ 아주 멋있었어요.
アジュ モシッソッソヨ

❹ 많이 울었어요.
マニ ウロッソヨ

❺ 재미있었어요?
チェミイッソッソヨ

❻ 괜찮았어요?
ケンチャナッソヨ

24 過去形（ヘヨ体パッチム無）

私も見ました。

저도 봤어요.
チョド　　ポァッソヨ

これだけ

まず、単語の基本形の最後の「다」を取る。
タ

보다 （見る）　→　보
ポダ　　　　　　　　　ポ　　＊「다」を取った形を「語幹（ごかん）」と呼ぶ。

次に、語幹の最後にパッチムがない場合、

語幹（最後の母音が「ㅏ, ㅓ, ㅕ, ㅐ, ㅔ」) ＋ ㅆ어요.
　　　　　　　　　　ア　オ　ヨ　エ　エ　　　　　　ッソヨ

語幹（最後の母音が「ㅗ, ㅜ, ㅣ, ㅟ」)→ㅘ, ㅝ, ㅕ, ㅙ ＋ ㅆ어요.
　　　　　　　　　　　オ ウ イ ウェ　　　ワ ウォ ヨ ウェ　　　ッソヨ

보다　　→　봤어요
ポダ　　　　　ポァッソヨ

다니다　→　다녔어요
タニダ　　　　タニョッソヨ

Q 単語をヒントに作文してみよう。

❶ そのドラマ、見ましたか？

_____

> そのドラマ、見る
> 그 드라마, 보다
> ク　トゥラマ　　ポダ

❷ このスクールに通いました。

_____

> このスクールに、通う
> 이 학원에, 다니다
> イ　ハグォネ　　タニダ

❸ プレゼントを送りました。

_____

> プレゼントを、送る
> 선물을, 보내다
> ソンムルル　ポネダ

答えと音声を確認しよう

もっと1 「하다」のつく動詞や形容詞の場合：「〜した」

語幹(하다) → 했어요.
　　ハダ　　　　ヘッソヨ

준비하다(準備する) → 준비했어요(準備しました)
チュンビハダ　　　　　　チュンビヘッソヨ

もっと2 語幹の最後の母音が「ㅟ, ㅢ」の動詞や形容詞の場合：「〜した」
　　　　　　　　　　　ウィ　ウイ

語幹(最後の母音が「ㅟ, ㅢ」) ＋ 었어요.
　　　　　　　　　　ウィ　ウイ　　　　　オッソヨ

뛰다(走る) → 뛰었어요(走りました)
ットゥィダ　　　ットゥィオッソヨ

過去形（ヘヨ体パッチム無）24

A

❶ 그 드라마 봤어요?
　クトゥラマ　ポァッソヨ

❷ 이 학원에 다녔어요.
　イ ハグォネ タニョッソヨ

❸ 선물을 보냈어요.
　ソンムルル ポネッソヨ

まとめ

❶ まず、単語の基本形の最後の「다」を取る。

보다（見る） → 보 ＊「다」を取った形を「語幹（ごかん）」と呼ぶ。

次に、語幹の最後にパッチムがない場合、

語幹（最後の母音が「ㅏ, ㅓ, ㅕ, ㅐ, ㅔ」） + ㅆ어요.

語幹（最後の母音が「ㅗ, ㅜ, ㅣ, ㅚ」） → ㅘ, ㅝ, ㅕ, ㅙ + ㅆ어요.

❷ 「하다」のつく動詞や形容詞の場合：「〜した」

語幹（하다） → 했어요.

❸ 語幹の最後の母音が「ㅟ, ㅢ」の動詞や形容詞の場合：「〜した」

語幹（最後の母音が「ㅟ, ㅢ」） + 었어요.

Q 単語をヒントに作文してみよう。

❶ 先生に会いました。

先生に、会う
선생님을, 만나다

❷ キムチチゲを作りました。

キムチチゲを、作る
김치찌개를, 만들다

❸ たくさん練習しました。

たくさん、練習する
많이, 연습하다

❹ 日本では、どこに行ってみましたか？

日本では、どこに、行ってみる
일본에서는, 어디에, 가 보다

❺ いつ来ましたか？

いつ、来る
언제, 오다

❻ とても感動しました。

とても、感動する
아주, 감동하다

答えと音声を確認しよう

+α よく使う過去形

よく使う過去形をあげてみます。

받다(受け取る) パッタ	받 + 았어요 パッ　アッソヨ	→	받았어요(受け取りました) パダッソヨ
먹다(食べる) モクタ	먹 + 었어요 モク　オッソヨ	→	먹었어요(食べました) モゴッソヨ
가다(行く) カダ	가 + ㅆ어요 カ　　ッソヨ	→	갔어요(行きました) カッソヨ
오다(来る) オダ	와 + ㅆ어요 ワ　　ッソヨ	→	왔어요(来ました) ワッソヨ
연습하다(練習する) ヨンスッパダ	연습+했어요 ヨンスプ　ヘッソヨ	→	연습했어요(練習しました) ヨンスッペッソヨ
쉬다(休む) シュィダ	쉬 + 었어요 シュィ　オッソヨ	→	쉬었어요(休みました) シュィオッソヨ

A

❶ 선생님을 만났어요.
ソンセンニムル マンナッソヨ

❷ 김치찌개를 만들었어요.
キムチッチゲルル マンドゥロッソヨ

❸ 많이 연습했어요.
マニ ヨンスッペッソヨ

❹ 일본에서는 어디에 가 봤어요?
イルボネソヌン オディエ カ ボァッソヨ

❺ 언제 왔어요?
オンジェ ワッソヨ

❻ 아주 감동했어요.
アジュ カムドンヘッソヨ

25 依頼

写真を撮ってください。

사진을 찍어 주세요．
サジヌル　　ッチゴ　　ジュセヨ

これだけ

まず、用言の最後の「다」を取る。

먹~~다~~（食べる）　→　먹
モクタ　　　　　　　　　　モク

＊「다」を取った形を「語幹（ごかん）」と呼ぶ。

次に、語幹の最後がパッチム有の場合、

語幹(最後の母音が「ㅏ,ㅗ,ㅑ」) ＋ 아 주세요．
　　　　　　　ア　オ　ヤ　　　　　　ア　ジュセヨ

語幹(最後の母音が「ㅏ,ㅗ,ㅑ」以外) ＋ 어 주세요．
　　　　　　　ア　オ　ヤ　　　　　　　　オ　ジュセヨ

語幹の最後にパッチムがない場合、

語幹(最後の母音が「ㅏ,ㅓ,ㅕ,ㅐ,ㅔ」) ＋ 주세요．
　　　　　　　ア　オ　ヨ　エ　エ　　　　　ジュセヨ

語幹(最後の母音が「ㅗ,ㅜ,ㅣ,ㅚ」)→와,워,여,왜 ＋ 주세요．
　　　　　　　オ　ウ　イ　ウェ　　ワ ウォ ヨ ウェ　　　ジュセヨ

Q 単語をヒントに作文してみよう。

❶ 私にも作ってください。

　_____

私にも、作る
저에게도，만들다
チョエゲド　　マンドゥルダ

❷ 私を信じてください。

　_____

私を、信じる
저를，믿다
チョルル　ミッタ

❸ ここに書いてください。

　_____

ここに、書く
여기에，적다
ヨギエ　チョクタ

答えと音声を確認しよう

もっと1 「하다」のつく動詞の場合

語幹(하다) → 해 주세요.
　　ハダ　　　　へ　ジュセヨ

준비하다(準備する) → 준비해 주세요.(準備してください)
チュンビハダ　　　　　　チュンビヘ ジュセヨ

もっと2 「～(し)てください」：語幹の最後の母音が「ㅟ, ㅢ」の動詞や形容詞の場合
　　　　　　　　　　　　　　　　　　　　ウィ　ウイ

語幹(最後の母音が「ㅟ, ㅢ」) ＋ 어 주세요.
　　　　　　　　　ウィ　ウイ　　　　オ　ジュセヨ

依頼

A

❶ 저에게도 만들어 주세요.
　チョエゲド マンドゥロ ジュセヨ

❷ 저를 믿어 주세요.
　チョルル ミド ジュセヨ

❸ 여기에 적어 주세요.
　ヨギエ チョゴ ジュセヨ

まとめ

❶ まず、用言の最後の「다」を取る。먹다(食べる) → 먹

次に、語幹の最後がパッチム有の場合、
語幹(最後の母音が「ㅏ,ㅗ,ㅑ」/「ㅏ,ㅗ,ㅑ」以外)＋아 주세요/어 주세요.

語幹の最後にパッチムがない場合、
語幹(最後の母音が「ㅏ,ㅓ,ㅕ,ㅐ,ㅔ」) ＋ 주세요.

語幹(最後の母音が「ㅗ,ㅜ,ㅣ,ㅚ」) → ㅘ,ㅝ,ㅕ,ㅙ ＋ 주세요.

❷ 「하다」のつく動詞の場合
語幹(하다) → 해 주세요.

❸ 「〜(し)てください」：
語幹の最後の母音が「ㅟ,ㅢ」の動詞や形容詞の場合
語幹(最後の母音が「ㅟ,ㅢ」) ＋ 어 주세요.

Q 単語をヒントに作文してみよう。

❶ 包んでください。
_____

包む
싸다

❷ ソウル駅まで行ってください。
_____

ソウル駅まで、行く
서울역까지, 가다

❸ もう1度、言ってください。
_____

もう1度、言う
한 번 더, 말하다

❹ また連絡してください。
_____

また、連絡する
또, 연락하다

❺ あれを見せてください。
_____

あれを、見せる
저것을, 보이다

❻ 握手してください。
_____

握手する
악수하다

答えと音声を確認しよう

+α 2つの「〜(し)てください」

「세요/으세요」と「아/어 주세요」は、どちらも日本語では「〜(し)てください」ですが、ニュアンスが異なります。「세요/으세요」は、「どうぞ〜なさってください」のように、相手に促すニュアンスで、「아/어 주세요」は、「どうか〜してください」のような、お願いをするニュアンスです。

여기 앉으세요.（ここにお座りください）
↑
腰かけるように促すニュアンス。

지금은 일단 앉아 주세요.（今はいったん、お座りください）
↑
「座ってほしい」とお願いするニュアンス。

A

❶ 싸 주세요.
　ッサ ジュセヨ

❷ 서울역까지 가 주세요.
　ソウルリョッカジ カ ジュセヨ

❸ 한 번 더 말해 주세요.
　ハンボン ト マレ ジュセヨ

❹ 또 연락해 주세요.
　ット ヨルラッケ ジュセヨ

❺ 저것을 보여 주세요.
　チョゴスル ポヨ ジュセヨ

❻ 악수해 주세요.
　アクスヘ ジュセヨ

まとめのドリル 5

1 尊敬の「세요/으세요」を使って書いてみよう。

またいらしてください。 또 오다 → 또 오세요.

① お受け取りください。 받다 → ＿＿＿＿＿＿
② お座りください。 앉다 → ＿＿＿＿＿＿
③ 時間おありですか？ 시간 있다 → ＿＿＿＿＿＿
④ ご覧ください。 보다 → ＿＿＿＿＿＿

2 対応する尊敬形を選んでみよう。

① 먹어요. (食べます)　　A　안 계세요.
② 있어요. (います)　　　B　드세요.
③ 없어요. (いません)　　C　계세요.

3 過去形の「았어요/었어요」をつけ、日本語に訳してみよう。

	았어요/었어요 アッソヨ　オッソヨ	日本語訳
① 먹다　（食べる） モクタ		
② 맛있다（おいしい） マシッソヨ		
③ 받다　（受け取る） パッタ		
④ 좋다　（良い） チョッタ		

4 「아 주세요/어 주세요」(～(し)てください)を使って書いてみよう。

① 撮ってください。(찍다)　→ ＿＿＿＿＿＿＿＿
　　　　　　　　　ッチクタ

② 言ってください。(말하다)　→ ＿＿＿＿＿＿＿＿
　　　　　　　　　マラダ

③ 作ってください。(만들다)　→ ＿＿＿＿＿＿＿＿
　　　　　　　　　マンドゥルダ

④ 行ってください。(가다)　→ ＿＿＿＿＿＿＿＿
　　　　　　　　　カダ

こたえ

1 ① 받으세요.　② 앉으세요.　③ 시간 있으세요?　④ 보세요.
　　　パドゥセヨ　　アンジュセヨ　　シガン イッスセヨ　　ポセヨ

2 ① B 드세요.　② C 계세요.　③ A 안 계세요.
　　　トゥセヨ　　　ケセヨ　　　　アン ゲセヨ

3 ① 먹었어요(食べました)　② 맛있었어요(美味しかったです)
　　　モゴッソヨ　　　　　　　マシッソッソヨ
　　③ 받았어요(受け取りました)　④ 좋았어요(良かったです)
　　　パダッソヨ　　　　　　　　　チョアッソヨ

4 ① 찍어 주세요.　② 말해 주세요.　③ 만들어 주세요.　④ 가 주세요.
　　　ッチゴ ジュセヨ　マレ ジュセヨ　　マンドゥロ ジュセヨ　カ ジュセヨ

コラム 5

男女での表現の差と尊敬表現

　韓国語には、基本的に男言葉、女言葉の違いはありません。もちろん語調や話し方、文末の伸ばし方によって、女性らしさや男性らしさが表されることはありますが、日本語の「〜よ」や「〜だぜ」のような形の違いはありません。あえて挙げるなら、女性が驚いたとき言う、「まあ！」という意味の「어머!」や「어머나!」くらいでしょうか。ちなみに、韓国語には日本語と同じように方言もあります。

　また、韓国語では、目上の人について話すとき、常に敬語表現を使います。例えば、会社で電話を受け、「江川部長はいらっしゃいますか？」と聞かれて不在を伝えるとき、日本語では「江川は、ただいま席を外しております」と、身内である上司について敬語を使いません。これを「相対敬語」と呼びます。一方、韓国語では、「부장님은 지금 잠깐 자리를 비우셨습니다」（部長は今、席を少々外して「おられます」）のように、目上の人について話すとき、話し相手との関係によって言い方を変えず、常に敬語を使います。これを「絶対敬語」と呼びます。

STEP 6

26 変格活用その1「ㄹ」(リウル)と「으」(ウ)

ご存知ですか？

아세요 ?
アセヨ

これだけ

語幹の最後のパッチムが「ㄹ」(リウル)の単語の活用【ㄹ語幹】

알다 (知る、わかる)
アルダ

1：語幹 ＋ 語尾

알 ＋ 지만 ＝ 알지만 (知るけれど、わかるけれど)
アル　チマン　　アルジマン

2：語幹 ＋ (으)語尾

알 ＋ (으)면 ＝ 알면 (知れば、わかれば)
アル　ウ ミョン　　アルミョン　　＊「으」は入れない。

3：語幹 ＋ 아/어語尾

알 ＋ (아/어)요 ＝ 알아요 (知ります、わかります)
アル　ア オ ヨ　　アラヨ

Q 言ってみよう。

❶ 住むけれど

　_____

住む、〜けれど
살다, 지만
サルダ　チマン

❷ 住めば

　_____

住む、〜れば
살다, 면
サルダ　ミョン

❸ 長いです。

　_____

長い、〜ます
길다, 어요
キルダ　オヨ

答えと音声を確認しよう

もっと1 「ㄹ」(リウル)の脱落

語幹の最後のパッチム「ㄹ」+
「ㅅ」(シオッ)「ㅂ」(ピウプ)「ㄴ」(ニウン)終声の「ㄹ」
→語幹の最後の「ㄹ」が脱落する。

알다 + 세요 = 아세요(ご存知です)(×알세요)
アルダ　　セヨ　　　アセヨ　　　　　　　　アルセヨ

もっと2 語幹の最後の母音が「ㅡ」(ウ)の単語の活用【ㅡ語幹】

쓰다(使う)
ッスダ

1：語幹＋語尾
　　쓰 ＋ 지만 ＝ 쓰지만(使うけれど)
　　ッス　チマン　　ッスジマン

2：語幹＋(으)語尾
　　　　　　ウ
　　쓰 ＋ (으)면 ＝ 쓰면(使えば)
　　ッス　ウミョン　　ッスミョン

3：語幹(最後の母音「ㅡ」) ＋ 아/어語尾
　　　　　　　　　　ウ　　　　　ア オ
　→ 語幹(最後の母音「ㅡ」が脱落) ＋ 아/어
　　　　　　　　　　　ウ　　　　　　　ア オ
　　쓰 ＋ (아/어)요 ＝ 써요(使います)
　　ッス　ア オ ヨ　　　ッソヨ

A
❶ 살지만
　サルジマン

❷ 살면
　サルミョン

❸ 길어요.
　キロヨ

まとめ

❶ 語幹の最後のパッチムが「ㄹ」(リウル)の単語の活用【ㄹ語幹】

알다(知る、わかる)、**알지만**(知るけれど、わかるけれど)、
アルダ　　　　　　　　　　アルジマン

알면(知れば、わかれば)、**알아요**(知ります、わかります)
アルミョン　　　　　　　　　アラヨ

❷「ㄹ」(リウル)の脱落

語幹の最後のパッチム「ㄹ」+「ㅅ」(シオッ)「ㅂ」(ピウプ)「ㄴ」(ニウン)終声の「ㄹ」
→語幹の最後の「ㄹ」が脱落する。

❸ 語幹の最後の母音が「으」(ウ)の単語の活用【으語幹】

쓰다(使う)、**쓰지만**(使うけれど)、**쓰면**(使えば)、**써요**(使います)
ッスダ　　　　ッスジマン　　　　　ッスミョン　　　　ッソヨ

Q 言ってみよう。

❶ うれしいけれど
_____

> うれしい、〜けれど
> 기쁘다, 지만
> キップダ　チマン

❷ うれしいです。
_____

> うれしい、〜です
> 기쁘다, 어요
> キップダ　オヨ

❸ 料理は私が作ります。
_____

> 料理は、私が、作る、〜ます
> 음식은, 제가, 만들다, 어요
> ウムシグン　チェガ　マンドゥルダ　オヨ

❹ ここから遠いです。
_____

> ここから、遠い、〜です
> 여기서, 멀다, 어요
> ヨギソ　モルダ　オヨ

❺ ちょっと大きいです。
_____

> ちょっと、大きい、〜です
> 좀, 크다, 어요
> チョム　クダ　オヨ

❻ 頭が痛いです。
_____

> 頭が、痛い、〜です
> 머리가, 아프다, 아요
> モリガ　アプダ　アヨ

答えと音声を確認しよう

+α 【ㄹ(リウル)語幹】には、語尾の「으」は入れない

【ㄹ(リウル)語幹】に、「(으)면」(〜たら、〜れば)や「(으)면서」(〜ながら)のように語幹の最後にパッチムがある場合に、「으」を入れる語尾が来るとき、「으」は入れず、直接「면」や「면서」をつけます。例えば、「살다」(住む)の場合には、「살면」(住めば、住んだら)、「살면서」(住みながら)となります。

A

❶ 기쁘지만
キップジマン

❷ 기뻐요.
キッポヨ

❸ 음식은 제가 만들어요.
ウムシグン チェガ マンドゥロヨ

❹ 여기서 멀어요.
ヨギソ モロヨ

❺ 좀 커요.
チョム コヨ

❻ 머리가 아파요.
モリガ アパヨ

27 変格活用その2 「ㅂ」(ピウプ)と「ㄷ」(ティグッ)

とても難しいです。

아주 어려워요.
アジュ　オリョウォヨ

これだけ

語幹の最後のパッチムが「ㅂ」(ピウプ)の単語の活用【ㅂ変格】
어렵다(難しい)
オリョプタ

1：語幹 ＋ 語尾
　어렵 ＋ 지만 ＝ 어렵지만(難しいけれど)
　オリョプ　チマン　　オリョプチマン

2：語幹(最後の子音「ㅂ」) ＋ (으)語尾
　→ 語幹(最後の子音「ㅂ」が脱落) ＋ 우
　　　　　　　　　　　　　　　　　　　ウ
　어렵 ＋ (으)면 ＝ 어려우면(難しければ)
　オリョプ　ウ ミョン　オリョウミョン

3：語幹(最後の子音「ㅂ」) ＋ 아/어語尾
　　　　　　　　　　　　　　　ア オ
　→ 語幹(最後の子音「ㅂ」が脱落) ＋ 워
　　　　　　　　　　　　　　　　　　ウォ
　어렵 ＋ (아/어)요 ＝ 어려워요(難しいです)
　オリョプ　ア オ ヨ　　オリョウォヨ

Q 言ってみよう。

❶ 暑ければ
_____

> 暑い、〜れば
> 덥다, 으면
> トプタ　ウミョン

❷ 暑いです。
_____

> 暑い、〜です
> 덥다, 어요
> トプタ　オヨ

❸ 暑いけれど
_____

> 暑い、〜けれど
> 덥다, 지만
> トプタ　チマン

答えと音声を確認しよう

もっと1 語幹の最後のパッチムが「ㄷ」(ティグッ)の単語の活用【ㄷ変格*】

듣다 (聞く)
トゥッタ

1：語幹＋語尾

듣 ＋ 지만 ＝ 듣지만 (聞くけれど)
トゥッ　チマン　　　トゥッチマン

*「変格」とは不規則に活用するもののこと。

もっと2 「ㄷ」(ティグッ)が「ㄹ」(リウル)に変わる場合

2：語幹(最後の子音「ㄷ」) ＋ (으)語尾
　　　　　　　　　　　　　　　　　ウ

　→ 語幹(最後の子音「ㄷ」→「ㄹ」) ＋ (으)語尾
　　　　　　　　　　　　　　　　　　　　ウ

듣 ＋ (으)면 ＝ 들으면 (聞けば)
トゥッ　ウ ミョン　　トゥルミョン

3：語幹(最後の子音「ㄷ」) ＋ 아/어語尾
　　　　　　　　　　　　　　　　　ア オ

　→ 語幹(最後の子音「ㄷ」→「ㄹ」) ＋ 아/어
　　　　　　　　　　　　　　　　　　　ア オ

듣 ＋ (아/어)요 ＝ 들어요 (聞きます)
トゥッ　ア オ ヨ　　　トゥロヨ

A
❶ 더우면
　トウミョン
❷ 더워요.
　トウォヨ
❸ 덥지만
　トプチマン

まとめ

❶ 語幹の最後のパッチムが「ㅂ」(ピウプ)の単語の活用【ㅂ変格】

어렵다(難しい)、**어렵지만**(難しいけれど)、
オリョプタ　　　　　　　オリョプチマン

어려우면(難しければ)、**어려워요**(難しいです)
オリョウミョン　　　　　　オリョウォヨ

❷ 語幹の最後のパッチムが「ㄷ」(ティグッ)の単語の活用【ㄷ変格】

듣다(聞く)、**듣지만**(聞くけれど)、**들으면**(聞けば)、**들어요**(聞きます)
トゥッタ　　　トゥッチマン　　　　　　トゥルミョン　　　　トゥロヨ

Q 言ってみよう。

❶ 歩けば

> 歩く、～れば
> 걷다, 으면
> コッタ　ウミョン

❷ 歩きます。

> 歩く、～ます
> 걷다, 어요
> コッタ　オヨ

❸ 寒ければ、これを着てください。

> 寒い、～れば、これを、着てください
> 춥다,(으)면, 이것을, 입으세요
> チュプタ　ウミョン　イゴスル　イブセヨ

❹ とても辛いです。

> とても、辛い
> 아주, 맵다
> アジュ　メプタ

❺ このCDも聞きますか？

> このCDも、聞く、～ますか
> 이 시디도, 듣다, 어요
> イ　シディド　トゥッタ　オヨ

❻ この歌を聞くと、気分がいいです。

> この、歌を、聞く、～(する)と、気分が、いいです
> 이,노래를, 듣다, (으)면, 기분이, 좋아요
> イ　ノレルル　トゥッタ　ウミョン　キブニ　チョアヨ

答えと音声を確認しよう

+α 【ㅂ(ピウプ)変格】と【ㄷ(ティグッ)変格】

【ㅂ(ピウプ)変格】の単語は、ほかに「가깝다(近い)」「덥다(暑い)」「쉽다(容易だ)」「아름답다(美しい)」「어렵다(難しい)」「춥다(寒い)」などがあります。

ただし、語幹の最後の子音が「ㅂ」でも、その「ㅂ」が脱落したりせず、もとの語幹のまま使う「입다(着る)」「좁다(狭い)」のようなものもあります。

【ㄷ(ティグッ)変格】の単語は、ほかに「걷다(歩く)」「묻다(尋ねる、問う)」「알아듣다(理解する、聞き取る)」などがあります。

ただし、語幹の最後の子音が「ㄷ」でも、その「ㄷ」が変化したりせず、もとの語幹のまま使う「받다(受け取る、もらう)」のようなものもあります。

A

① 걸으면
コルミョン

② 걸어요.
コロヨ

③ 추우면 이것을 입으세요.
チュウミョン イゴスル イブセヨ

④ 아주 매워요.
アジュ メウォヨ

⑤ 이 시디도 들어요?
イ シディド トゥロヨ

⑥ 이 노래를 들으면 기분이 좋아요.
イ ノレルル トゥルミョン キブニ チョアヨ

28 変格活用その3 「르」(ル) と 「ㅅ」(シオッ)

何もわかりません。

아무것도 몰라요.
アムゴット　　モルラヨ

これだけ

語幹の最後が「르」(ル)の単語の活用【르変格】

모르다(わからない)
モルダ

1：語幹＋語尾
　모르　＋　지만　＝　모르지만(わからないけれど)
　モル　　　チマン　　　モルジマン

2：語幹(最後の「르」) ＋ (으)語尾
　모르　＋　(으)면　＝　모르면(わからなければ)
　モル　　　ウ　ミョン　　モルミョン

3：語幹(最後の「르」) ＋ 아/어語尾
　→　語幹の最後の「르」が「ㄹ라/ㄹ러」になる
　　　　　　　　　　　ル　　　ルラ　ルロ
　모르　＋　(아/어)요　＝　몰라요(わかりません)
　モル　　　ア　オ　ヨ　　　モルラヨ

Q 言ってみよう。

❶ 速いです。
　_____
　速い、〜です
　빠르다, 아요
　ッパルダ　アヨ

❷ 違います。
　_____
　違う、〜です
　다르다, 아요
　タルダ　アヨ

❸ 速ければ
　_____
　速い、〜ければ
　빠르다, (으)면
　ッパルダ　ウミョン

答えと音声を確認しよう

語幹の最後のパッチムが「ㅅ」(シオッ)の単語の活用
【ㅅ変格】

もっと1

낫다 (治る)
ナッタ

1：語幹＋語尾

낫 ＋ 지만 ＝ 낫지만 (治るけれど)
ナッ　　チマン　　　ナッチマン

もっと2

「ㅅ」(シオッ)が脱落する場合

2：語幹(最後のパッチム「ㅅ」) ＋ (으)語尾
　　　　　　　　　　　　　　　　　　ウ
→ 語幹(最後のパッチム「ㅅ」が脱落) ＋ (으)語尾
　　　　　　　　　　　　　　　　　　　　　ウ

낫 ＋ (으)면 ＝ 나으면 (治れば)
ナッ　　ウ　ミョン　　ナウミョン

3：語幹(最後のパッチム「ㅅ」) ＋ 아/어語尾
　　　　　　　　　　　　　　　　　　ア　オ
→ 語幹(最後のパッチム「ㅅ」が脱落) ＋ 아/어
　　　　　　　　　　　　　　　　　　　　　ア　オ

낫 ＋ (아/어)요 ＝ 나아요 (治ります)
ナッ　　ア　オ　ヨ　　　ナアヨ

A

❶ 빨라요.
　　ッパルラヨ

❷ 달라요.
　　タルラヨ

❸ 빠르면
　　パルミョン

変格活用その3「르」(ル)と「ㅅ」(シオッ)

28

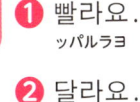

まとめ

❶ 語幹の最後が「르」(ル)の単語の活用【르変格】

모르다(わからない)、모르지만(わからないけれど)、
モルダ　　　　　　　　モルジマン

모르면(わからなければ)、몰라요(わかりません)
モルミョン　　　　　　　モルラヨ

❷ 語幹の最後のパッチムが「ㅅ」(シオッ)の単語の活用【ㅅ変格】

낫다(治る)、낫지만(治るけれど)、
ナッタ　　　　　ナッチマン

나으면(治れば)、나아요(治ります)
ナウミョン　　　　　　ナアヨ

Q 言ってみよう。

❶ 治してください。
　　治る、～(し)てください
　　낫다, (으)세요
　　ナッタ　　ウセヨ

❷ 治りました。
　　治る、～ました
　　낫다, 았어요
　　ナッタ　アッソヨ

❸ 私もわかりません。
　　私も、わからない、～ません
　　저도, 모르다, 아요
　　チョド　モルダ　アヨ

❹ 私もわかりませんでした。
　　私も、わからない、～でした
　　저도, 모르다, 았어요
　　チョド　モルダ　アッソヨ

❺ 風邪、治りましたか？
　　風邪、治る、～ましたか？
　　감기, 낫다, 았어요
　　カムギ　ナッタ　アッソヨ

❻ 風邪、早く治してください。
　　風邪、早く、治る、～(し)てください
　　감기, 빨리, 낫다, (으)세요
　　カムギ　ッパルリ　ナッタ　ウセヨ

答えと音声を確認しよう

【르(ル)変格】と【ㅅ(シオッ)変格】

　【르(ル)変格】の単語は、ほかに「다르다(違う)」「부르다(呼ぶ)」「빠르다(速い)」「오르다(登る、上がる)」「흐르다(流れる)」などがあります。
　ただし、語幹の最後が「르」でも、ほかの変格活用に属するものもあります。

　【ㅅ(シオッ)変格】の単語は、ほかに「긋다((線を)引く)」「낫다(ましだ、よい)」「붓다(注ぐ)」「잇다(結ぶ、つなぐ)」などがあります。
　ただし、語幹の最後の子音が「ㅅ」でも、その「ㅅ」が脱落したりせず、もとの語幹のまま使う「웃다(笑う)」「벗다(脱ぐ)」のようなものもあります。

A

❶ 나으세요.
　ナウセヨ

❷ 나았어요.
　ナアッソヨ

❸ 저도 몰라요.
　チョド　モルラヨ

❹ 저도 몰랐어요.
　チョド　モルラッソヨ

❺ 감기 나았어요?
　カムギ　ナアッソヨ

❻ 감기 빨리 나으세요.
　カムギ　ッパルリ　ナウセヨ

29 発音変化その1

🔴「ㅂ」「ㄷ」「ㄱ」「ㅈ」は、語中では濁らせる。

「ㅂ」「ㄷ」「ㄱ」「ㅈ」は、語の初めに来たときは濁らない音で発音しますが、語の中に出てきたときは濁らせて発音します。サ行の音「ㅅ」は、どこにあっても同じ音で発音します。

부부
プブ
（夫婦）

아버지
アボジ
（父、お父さん）

시간
シガン
（時間）

감사
カムサ
（感謝）

音声を聞いて発音を確認してみよう。

① 누구（誰）
ヌグ

② 이거（これ）
イゴ

③ 보다（見る）
ポダ

④ 소주（焼酎）
ソジュ

⑤ 가수（歌手）
カス

答えと音声を確認しよう 🔊

■ パッチムの後に母音が来れば、つなげて発音。

パッチムで終わる字の次に、母音が続くと、2つの音をつなげて発音します。つまり、母音を表記するための「ㅇ」が、パッチムの次の文字の最初にある場合です。これを連音化といいます。

パッチム＋「ㅇ」＋母音＝つなげて発音　（[　]内は発音）

일본어　［일보너］
　イルボノ
　日本語

ただし、パッチム「ㅇ」の後に、「ㅇ」が続く場合は、鼻濁音で発音します。

영어（英語）
ヨンオ

고양이（猫）
コヤンイ

音声を聞いて発音を確認してみよう。

① 발음（発音）
　パルム

② 삼일（3日）
　サミル

③ 오늘이（今日が）
　オヌリ

④ 마음이（心が）
　マウミ

⑤ 강아지（子犬）
　カンアジ

● 2つのパッチムは片方だけを発音。

1つの字にパッチムが2つあって、単独で読むか、後に子音が続く場合は、どちらか1つだけを発音します。

左を読む	右を読む
ㅄ, ㄳ, ㄵ, ㄶ, ㄺ, ㄾ, ㄿ, ㅀ	ㄻ, ㄿ, ㄺ

값 [갑]
カプ
(値段)

닭 [닥]
タク
(鶏)

● パッチム2つの後に母音が来たとき、右のパッチムを次の母音とつなげて発音。

1つの字にパッチムが2つある場合があります。基本的にはどちらか1つのパッチムだけ発音します。ただし、母音を表記するための「ㅇ」が、パッチムの次の文字の最初にある場合、左のパッチムを発音した後、右のパッチムを次の母音とつなげて発音します。

앉아요　[안자요]
アンジャヨ
(座ります)

■ [p] [t] [k] の発音の後の「ㅂ」「ㄷ」「ㄱ」「ㅈ」「ㅅ」は、息をほとんど出さずに発音。

[p] [t] [k] で発音するパッチムの次に、「ㅂ」「ㄷ」「ㄱ」「ㅈ」「ㅅ」が来ると、これらを息をほとんど出さない濃音で発音します。これを濃音化（のうおんか）と呼びます。

입구　　［입꾸］
イプク
（入口）

音声をよく聞き、次の発音を確認してみよう。

① 입장（入場）
　　イプチャン
② 잡지（雑誌）
　　チャプチ
③ 숙제（宿題）
　　スクチェ
④ 식당（食堂）
　　シクタン
⑤ 맥주（ビール）
　　メクチュ

30 発音変化その2

■ [p] [t] [k] の発音の後に「ㅁ」「ㄴ」が来ると、鼻に抜ける音に変化。

[p] [t] [k]で発音するパッチムは、後に「ㅁ」「ㄴ」が来る場合、それぞれ「ㅁ」「ㄴ」「ㅇ」という鼻に抜ける音に変わります。これを鼻音化といいます。

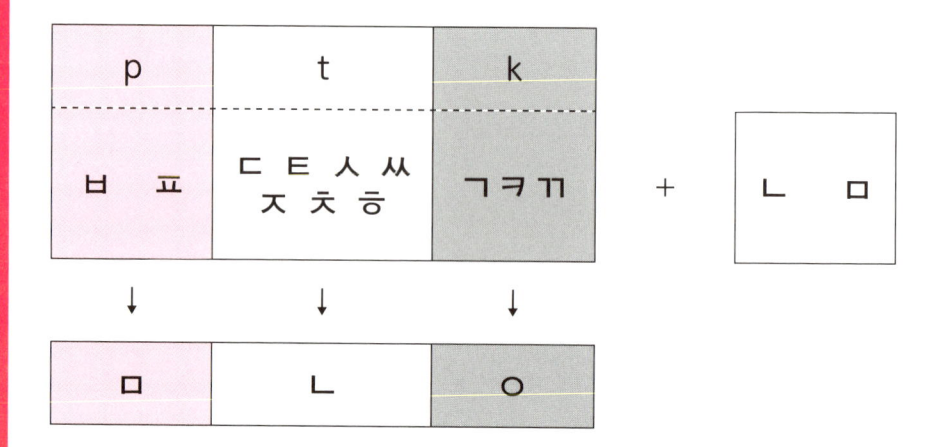

p	t	k
ㅂ ㅍ	ㄷ ㅌ ㅅ ㅆ ㅈ ㅊ ㅎ	ㄱ ㅋ ㄲ

+ ㄴ ㅁ

↓ ↓ ↓

| ㅁ | ㄴ | ㅇ |

音声をよく聞き、次の発音を確認してみよう。

① 입니다 (～です)
　　イムニダ

② 합니다 (します)
　　ハムニダ

③ 한국말 (韓国語)
　　ハングンマル

④ 십만 (10万)
　　シムマン

⑤ 거짓말 (嘘)
　　コジンマル

答えと音声を確認しよう

●「ㅁ」「ㄴ」「ㅇ」「ㄹ」の後に「ㅎ」が来ると、「ㅎ」を弱く発音。

「ㅁ」「ㄴ」「ㅇ」「ㄹ」の後に「ㅎ」が来ると、「ㅎ」をとても弱く発音したり、ほぼ発音しなかったりします。また、パッチム「ㅎ」の直後に「ㅇ」が続く場合は、全く発音しません。

([ ]内は発音)

전화　　　[저놔]
チョヌァ
(電話)

音声をよく聞き、次の発音を確認してみよう。

① 은행 (銀行)
　　ウネン

② 천천히 (ゆっくり)
　　チョンチョニ

③ 결혼 (結婚)
　　キョロン

④ 일호선 (1号線)
　　イロソン

⑤ 번호 (番号)
　　ポノ

🔊 平音と「ㅎ」が隣り合わせになると、息を激しく出す音に変化。

パッチムの「ㅂ」「ㄷ」「ㅅ」「ㅈ」「ㄱ」と「ㅎ」、またはパッチム「ㅎ」を含む文字と「ㄷ」「ㅈ」「ㄱ」が並ぶと、息を激しく出す激音（げきおん）で発音します。これを激音化といいます。

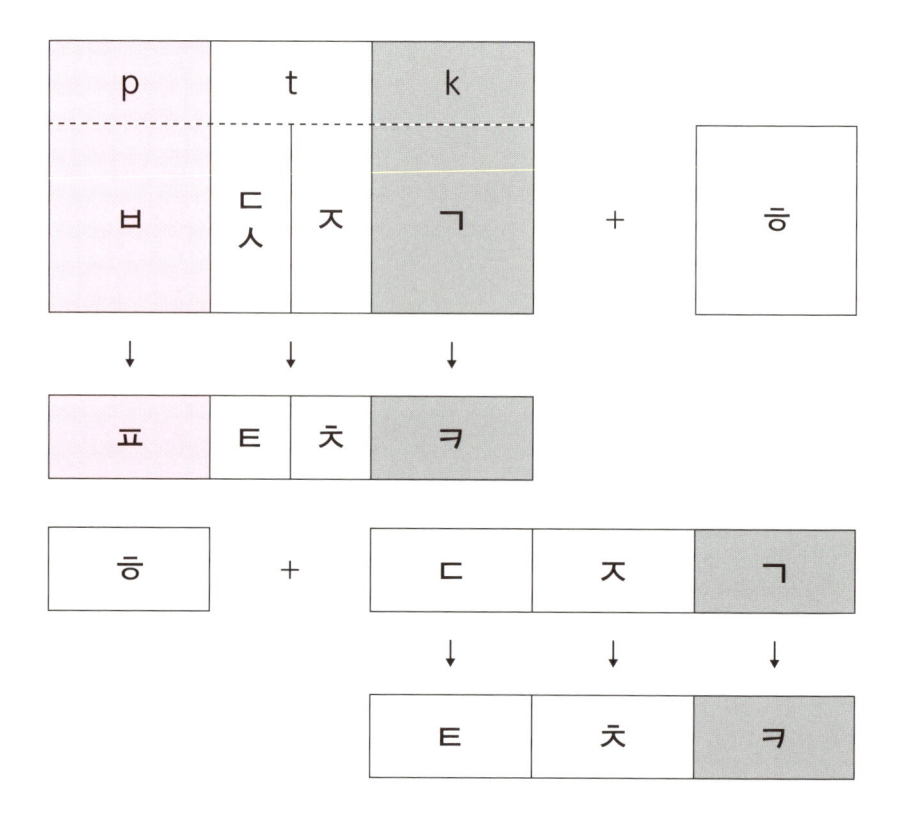

p	t	k
ㅂ	ㄷ / ㅅ	ㅈ	ㄱ

\+ ㅎ

↓ ↓ ↓

| ㅍ | ㅌ | ㅊ | ㅋ |

ㅎ + | ㄷ | ㅈ | ㄱ |

↓ ↓ ↓

| ㅌ | ㅊ | ㅋ |

音声をよく聞き、次の発音を確認してみよう。

① 축하해요 (おめでとうございます)
　　チュッカヘヨ

② 백화점 (デパート)
　　ペッカジョム

答えと音声を確認しよう 🔊

■「ㄴ」と「ㄹ」が並ぶと、「ㄴ」は「ㄹ」で発音。

「ㄴ」と「ㄹ」が並ぶと、「ㄴ」も「ㄹ」で発音します。これを流音化といいます。

```
ㄴ + ㄹ
ㄹ + ㄴ
```
↓
```
ㄹ + ㄹ
```

音声をよく聞き、次の発音を確認してみよう。

① 연락（連絡）
　ヨルラク

② 일 년（1年）
　イルリョン

③ 한류（韓流）
　ハルリュ

まとめのドリル6

1 空欄を埋めてみよう。

【ㄹ(リウル)語幹】

	基本形：알다 (知る、わかる)		＋語尾	活用形	日本語訳
1	語幹	알	＋지만	알지만	知るけれど、わかるけれど
2	＋으	알	＋(으)면		知れば、わかれば
3	＋아/어	알아	＋(아/어)요		知ります、わかります

2 空欄を埋めてみよう。

【ㅂ(ピウプ)変格】

	基本形：어렵다 (難しい)		＋語尾	活用形	日本語訳
1	語幹	어렵	＋지만	어렵지만	難しいけれど
2	＋으	어려우	＋(으)면		難しければ
3	＋아/어	어려워	＋(아/어)요		難しいです

3 空欄を埋めてみよう。

【르(ル)変格】

	基本形：모르다 （わからない）		＋語尾	活用形	日本語訳
1	語幹	모르	＋지만	모르지만	わからないけれど
2	＋으	모르	＋(으)면		わからなければ
3	＋아/어	몰라	＋(아/어)요		わかりません

4 発音を選んでみよう。

① 아버지(父)　　　　　　A アポチ　B アボチ　C アボジ

② 발음(発音)　　　　　　A パルム　B パルウム　C パルルム

③ 식당(食堂)　　　　　　A シクダン　B シクタン　C シダン

④ 입니다(〜です)　　　　A イプニダ　B イムニダ　C イムニタ

⑤ 축하해요.(おめでとうございます)　A チュガヘヨ　B チュクハヘヨ　C チュッカヘヨ

こたえ

1 알면, 알아요
　　アルミョン　アラヨ

2 어려우면, 어려워요
　　オリョウミョン　オリョウォヨ

3 모르면, 몰라요
　　モルミョン　モルラヨ

4 ① C アボジ　② A パルム　③ B シクタン　④ B イムニダ　⑤ C チュッカヘヨ

分かち書き

コラム**6**

　韓国語は、単語と単語の間を離して書きます。これを「分かち書き」と呼びます。基本的なルールをご紹介します。

・名詞と名詞の間は空ける

　　영화 티켓（映画のチケット）
　　ヨンファ ティケッ
　　 ↑　　 ↑
　　映画　チケット

　　한국 드라마（韓国ドラマ）
　　ハングク トゥラマ
　　 ↑　　 ↑
　　韓国　ドラマ

・助詞や語尾は前の単語とつけ、その後は離す

　　밥을 먹습니다．（ご飯を食べます）⇒ 밥 ＋ 을　　 먹 ＋ 습니다
　　パブル モクスムニダ　　　　　　　　　パプ　　ウル　　モク　　スムニダ
　　　　　　　　　　　　　　　　　　　　　　　　　　　　　　　　　↑
　　　　　　　　　　　　　　　　　　　　　　　　　　　　　　　　　語尾

　ひとまず、この2つルールを意識しておいて、後は少しずつ覚えていけば大丈夫です。まずは、この本で離して書いているかどうか、気にしてみる程度で構いませんよ。

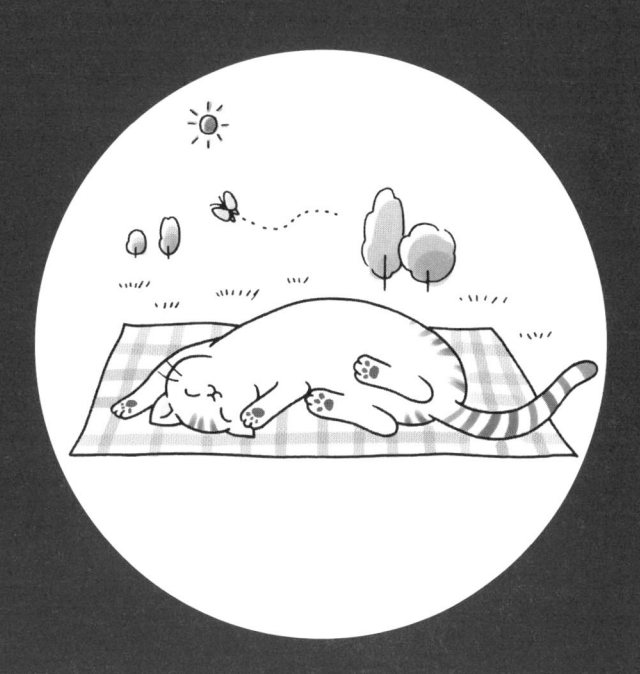

付録

基本単語

ㄱ

가깝다	近い
가다	行く
가방	カバン
가수	歌手
가장	一番
가족	家族
감기	風邪
감동하다	感動する
감사	感謝
감사하다	感謝する
값	値段
강아지	子犬
같이	一緒に
개	～個
거기	そこ
거짓말	嘘
건강하다	元気だ
걷다	歩く
걸리다	かかる
것	もの
결혼	結婚
결혼하다	結婚する
경복궁	景福宮（キョンボックン）
계시다	いらっしゃる
고양이	猫
고향	故郷
공부하다	勉強する
공연	公演
괜찮다	大丈夫
교실	教室
구	9
그	その
근데	でも
긋다	（線を）引く
기분	気分
기쁘다	うれしい
길다	長い
김치찌개	キムチチゲ

ㄲ

까지	～まで
꼭	絶対に
꽃다발	花束

ㄴ

나라	国
나무	木
나오다	出る
날씨	天気
낫다	ましだ、よい
낫다	治る
내일	明日
냉면	冷麺
네	はい
네 번	4回
넷	4つ（固有数詞）
노래	歌
놀다	遊ぶ
누가	誰が

누구	誰

ㄷ

다니다	通う
다르다	違う
다섯	5つ（固有数詞）
다섯 개	5個
다음	次
다음 달	来月
닭	鶏
닮다	似る
댁	お宅
더	もっと
덥다	暑い
도	〜も
도쿄	東京
되다	(〜に)なる
되다	いい
두 명	2人
두 시	2時
두 시간	2時間
둘	2つ（固有数詞）
드라마	ドラマ
드시다	召し上がる
듣다	聞く
디브이디	DVD

ㄸ

때	時
또	また
뛰다	走る
뜻	意味

ㄹ

라고	〜と（言う）
로비	ロビー

ㅁ

마시다	飲む
마음	心
마흔	40（固有数詞）
막걸리	マッコリ
만	だけ
만	万
만나다	会う
만들다	作る
많다	多い
많이	たくさん
말	話
말씀	お言葉
말하다	言う、話す
맛있다	おいしい
매일	毎日
맥주	ビール
맵다	辛い
머리	頭
먹다	食べる
멀다	遠い
메일	メール
명	〜人
몇	何（なん）、いくつ
몇 분	何名様
모르다	知らない、わからない
무슨	どういう
무엇	何（なに）
묻다	尋ねる、問う
뭐	何（なに）

뭘	何を
믿다	信じる

ㅂ

바쁘다	忙しい
반갑다	（会えて）うれしい
받다	受け取る、もらう
발음	発音
밥	ご飯
배우	俳優
배우다	習う
백	百
백화점	デパート
버스	バス
번	～回
번	番
번호	番号
벗다	脱ぐ
보내다	過ごす
보내다	送る
보다	見る
보이다	見せる
부르다	呼ぶ
부부	夫婦
부산	釜山
부장님	部長
부터	～から
분	～分
분	～名（様）
분	方
붓다	注ぐ
비싸다	高い
비우다	（席を）外す
비행기	飛行機

ㅃ

빠르다	速い
빨리	早く

ㅅ

사	4
사다	買う
사람	人
사장님	社長さん
사진	写真
살	～歳
살다	住む、暮らす
삼	3
삼계탕	参鶏湯
삼일	3日
새	新しい
생일	誕生日
서른	30（固有数詞）
서울	ソウル
서울역	ソウル駅
선물	プレゼント
선생님	先生
세 분	3名様
셋	3つ（固有数詞）
소주	焼酎
손님	お客様
수저	スプーンと箸
숙제	宿題
숟가락	スプーン
술	酒
쉬다	休む
쉰	50（固有数詞）
쉽다	容易だ
스무 살	20歳

스물	20（固有数詞）
시	〜時
시간	時間
시디	CD
시월	10月
시작하다	始まる
식당	食堂
싫어하다	嫌い
십	10
십만	10万

ㅆ

싸다	包む
쓰다	書く

ㅇ

아까	さっき
아뇨	いいえ
아름답다	美しい
아버님	お父様
아버지	父、お父さん
아주	とても
아프다	痛い
아홉	9つ（固有数詞）
아흔	90（固有数詞）
악수하다	握手する
안녕？	元気？、バイバイ
앉다	座る
알다	知る、わかる
알아듣다	理解する、聞き取る
앞	前
앨범	アルバム
야채	野菜
약속	約束

어디	どこ
어떤	どんな
어떻게	どのように
어렵다	難しい
어머！	まあ！
어머나！	まあ！
어머니	母
어머님	お母様
언니	（妹から見た場合の）お姉さん
언제	いつ
얼마	いくら
얼마나	どのくらい
없다	ない、いない
여기	ここ
여덟	8つ（固有数詞）
여든	80（固有数詞）
여섯	6つ（固有数詞）
여행	旅行
역	駅
연락	連絡
연락하다	連絡する
연습하다	練習する
열	10（固有数詞）
열 시	10時
열다섯 살	15歳
열두 시	12時
열아홉	19
열한 시	11時
영어	英語
영화	映画
예순	60（固有数詞）
예약하다	予約する
오	5
오늘	今日

오다	来る
오르다	登る、上がる
오빠	［妹から見た場合の］兄
온돌	オンドル
왜	なぜ
요리	料理
우리	私たち
우연히	偶然
울다	泣く
웃다	笑う
원	ウォン
월	月
유월	6月
유자차	柚子茶
육	6
은행	銀行
음식	食べ物、料理
이	2
이	この
이거	これ
이것	これ
이름	名前
이번	今回
이유	理由
이쪽	こちら
인분	～人前
일	1
일	日
일 년	1年
일곱	7つ（固有数詞）
일단	いったん
일본	日本
일본 분	日本の方
일본 사람	日本人
일본어	日本語
일호선	1号線
일흔	70（固有数詞）
읽다	読む
입구	入口
입다	着る
입장	入場
잇다	結ぶ、つなぐ
있다	ある、いる
잊다	忘れる

ㅈ

자리	席
작다	小さい
잠깐	ちょっと
잡지	雑誌
장	枚
재미있다	おもしろい
저	あの
저	私
저것	あれ
전통차	伝統茶
전화	電話
전화하다	電話する
젓가락	箸
좀	少し、ちょっと
좁다	狭い
좋아하다	好き
주다	あげる
좋다	いい
주말	週末
주부	主婦
준비하다	準備する
지금	今

지내다	過ごす、暮らす
지하철	地下鉄
집	家

ㅉ

찍다	撮る

ㅊ

찾다	探す
책	本
천	千
천천히	ゆっくり
추석	秋夕（チュソク）
축하하다	祝う
출발하다	出発する
춥다	寒い
친구	友達
친하다	親しい
칠	7

ㅋ

카페	カフェ
케이팝	K-POP
콘서트	コンサート
크다	大きい

ㅌ

타다	乗る
택시	タクシー
토요일	土曜日
티켓	チケット
팀장님	チーム長

ㅍ

팔	8
팔다	売る
팥빙수	パッピンス
팬	ファン
피곤하다	疲れる

ㅎ

하나	1つ（固有数詞）
하다	する
학교	学校
학원	スクール
한 번 더	もう1度
한 시	1時
한국	韓国
한국 분	韓国の方
한국 사람	韓国人
한국 음식	韓国料理
한국말	韓国語
한국어	韓国語
한류	韓流
한정식	韓定食
항상	いつも
핸드폰	携帯電話
호텔	ホテル
혹시	ひょっとして
후	後
흐르다	流れる

さぼった日も忙しい日もチラ見するだけ
おさぼりカード

1 韓国語の文字

❶ 韓国語の文字を「ハングル」と呼ぶ。

❷ 子音と母音を組み合わせて1文字にする。
　子音＋母音、子音＋母音＋子音の場合がある。

❸ 最後の子音は「パッチム」と呼ぶ。

2 母音

❶ 口を縦に開ける母音　　❷ 口を丸める母音　　❸ 口を横に引く母音
　아　야　어　여　　　　오　요　우　유　　　　으　이
　ア　ヤ　オ　ヨ　　　　オ　ヨ　ウ　ユ　　　　ウ　イ

❹ 合成母音
　애　얘　에　예　와　왜　외　워　웨　위　의
　エ　イェ　エ　イェ　ワ　ウェ　ウェ　ウォ　ウェ　ウィ　ウイ

3 鼻音、流音、パッチムその1

ㅁ　ㄴ　ㄹ
마　나　라
マ　ナ　ラ

パッチム		発音
ㅁ	m	「パンも」の「ん」とほぼ同じ。唇をしっかり閉じる。
ㄴ	n	「パンに」の「ん」とほぼ同じ。
ㅇ	ng	「パンが」の「ん」とほぼ同じ。パッチムの時は [ng] の音を表す。
ㄹ	l	「ある」の「る」とほぼ同じ。最後の母音を発音しない。

持ち歩きに便利なPDFも三修社のホームページで公開しています。
http://www.sanshusha.co.jp/

4 平音

바 다 가 자 사
パ タ カ チャ サ

	語の初めに来たとき	語の中に出てきたとき
ㅂ	パ行の子音とほぼ同じ。	バ行の子音とほぼ同じ。
ㄷ	タ、テ、トの子音とほぼ同じ。	ダ、デ、ド行の子音とほぼ同じ。
ㄱ	カ行の子音とほぼ同じ。	ガ行の子音とほぼ同じ。
ㅈ	チャ行の子音とほぼ同じ。	ジャ行の子音とほぼ同じ。
ㅅ	サ行の子音とほぼ同じ。	

5 激音、濃音、パッチムその2

ㅍ ㅌ ㅋ ㅊ ㅎ
↑ ↑ ↑ ↑
ㅂ ㄷ ㄱ ㅈ   対応している平音
파 타 카 차 하
パ タ カ チャ ハ

ㅃ ㄸ ㄲ ㅉ ㅆ
↑ ↑ ↑ ↑ ↑
ㅂ ㄷ ㄱ ㅈ ㅅ   対応している平音
빠 따 까 짜 싸
ッパ ッタ ッカ ッチャ ッサ

パッチム		発音
ㅂ, ㅍ	p	「やっぱり」というときの「っ」とほぼ同じ。口を閉じる。
ㄷ, ㅌ, ㅅ, ㅆ, ㅈ, ㅊ, ㅎ	t	「やった！」というときの「っ」とほぼ同じ。
ㄱ, ㅋ, ㄲ	k	「まっか」というときの「っ」とほぼ同じ。

6 用言の丁寧形①

❶ 「～です」
　名詞（パッチム 無） ＋ **예요.**
　　　　　　　　　　　　　エヨ
　名詞（パッチム 有） ＋ **이에요.**
　　　　　　　　　　　　　イエヨ

❷ 疑問「～ですか？」（パッチム 無）
　名詞（パッチム 無） ＋ **예요?**
　　　　　　　　　　　　　エヨ

❸ 疑問「～ですか？」（パッチム 有）
　名詞（パッチム 有） ＋ **이에요?**
　　　　　　　　　　　　　イエヨ

7　用言の丁寧形②

❶ 「〜でいらっしゃいます」
　名詞（パッチム 無） ＋ **세요.**
　　　　　　　　　　　　　セヨ
　名詞（パッチム 有） ＋ **이세요.**
　　　　　　　　　　　　　イセヨ

❷ 疑問「〜でいらっしゃいますか？」（パッチム 無）
　名詞（パッチム 無） ＋ **세요?**
　　　　　　　　　　　　　セヨ

❸ 疑問「〜でいらっしゃいますか？」（パッチム 有）
　名詞（パッチム 有） ＋ **이세요?**
　　　　　　　　　　　　　イセヨ

8　否定その1「〜ではありません」

❶ 「〜ではありません」
　名詞（パッチム 無） ＋ **가 아니에요.**
　　　　　　　　　　　　 ガ　アニエヨ
　名詞（パッチム 有） ＋ **이 아니에요.**
　　　　　　　　　　　　 イ　アニエヨ

❷ 疑問「〜ではありませんか？」（パッチム 無）
　名詞（パッチム 無） ＋ **가 아니에요?**
　　　　　　　　　　　　 ガ　アニエヨ

❸ 疑問「〜ではありませんか？」（パッチム 有）
　名詞（パッチム 有） ＋ **이 아니에요?**
　　　　　　　　　　　　 イ　アニエヨ

9　存在詞文

❶ 「〜があります」「〜がいます」
　名詞（パッチム 無） ＋ **가 있어요.**
　　　　　　　　　　　　 ガ　イッソヨ
　名詞（パッチム 有） ＋ **이 있어요.**
　　　　　　　　　　　　 イ　イッソヨ

❷ 否定「〜がありません」「〜がいません」
　名詞（パッチム 無有） ＋ **가/이 없어요.**
　　　　　　　　　　　　　 ガ　イ　オプソヨ

❸ 疑問「〜がありますか？」「〜がいますか？」
　名詞（パッチム 無有） ＋ **가/이 있어요?**
　　　　　　　　　　　　　 ガ　イ　イッソヨ

10 助詞「は」「が」「を」「へ」「で」

❶ 名詞の最後にパッチムが有るかどうかで、つける助詞が違うもの

	パッチム 無	パッチム 有
は	는(ヌン)	은(ウン)
が	가(ガ)	이(イ)
を	를(ルル)	을(ウル)
へ(方向)	로(ロ)	으로※(ウロ)
で(手段)	로(ロ)	으로※(ウロ)

※ただし、単語の最後のパッチムが「ㄹ」の場合は、「로」がつく。

❷ 「〜に乗る」

名詞(パッチム 無/有) + **를/을 타다**.
　　　　　　　　　　　　 ルル ウル　タダ

❸ 「〜になる」

名詞(パッチム 無/有) + **가/이 되다**.
　　　　　　　　　　　　 ガ　イ　トゥェダ

11 助詞「で」「に」「から」

❶ 名詞の最後のパッチムの有無で区別しなくてよい助詞

で(場所)	에서(エソ)
に(場所・時間)	에(エ)
に(人・動物)	한테(ハンテ)
から(人・動物)	한테서(ハンテソ)
から(場所)	에서(エソ)

❷ 「〜(人・動物)に」

話し言葉: 〜人 + **한테**
　　　　　　　　　　 ハンテ

❸ 「〜(人・動物)から」

話し言葉: 〜人 + **한테서**
　　　　　　　　　　 ハンテソ

12 用言文「〜です」「〜ます」(ヘヨ体パッチム有)

❶ まず、単語の基本形の最後の「다」を取る。

먹다(食べる) → 먹
モクタ　　　　　モク

次に、語幹の最後にパッチムがある場合、

語幹(最後の母音が「ㅏ,ㅗ,ㅑ」) + **아요**.
　　　　　　　　　ア オ ヤ　　　　　　アヨ

語幹(最後の母音が「ㅏ,ㅗ,ㅑ」以外) + **어요**.
　　　　　　　　　ア オ ヤ　　　　　　　オヨ

❷ 疑問「〜ですか?」「〜ますか?」:「ㅏ,ㅗ,ㅑ」の場合

用言 + **아요?**
　　　　 アヨ

❸ 疑問「〜ですか?」「〜ますか?」:「ㅏ,ㅗ,ㅑ」以外の場合

用言 + **어요?**
　　　　 オヨ

13 用言文「～です」「～ます」（ヘヨ体パッチム無）

❶ まず、単語の基本形の最後の「다」を取る。
 마시다（飲む） → 마셔
 マシダ　　　　　　マショ
 次に、語幹の最後にパッチムがない場合、
 語幹（最後の母音が「ㅏ,ㅓ,ㅕ,ㅐ,ㅔ」）＋요.
　　　　　　　　　　ア　オ　ヨ　エ　エ　　　ヨ
 語幹（最後の母音が「ㅗ,ㅜ,ㅣ,ㅚ」）→ 와,워,여,왜＋요.
　　　　　　　　　　オ　ウ　イ　ウェ　　　ワ　ウォ ヨ ウェ　ヨ

❷ 「하다」のつく動詞や形容詞の場合：「です」「ます」
　　　ハダ
 語幹（하다） → 해요.
　　　　ハダ　　　　ヘヨ

❸ 最後の母音が「ㅟ,ㅢ」の場合：「です」「ます」
　　　　　　　　　　ウィ ウイ
 語幹（最後の母音が「ㅟ,ㅢ」） ＋ 어요.
　　　　　　　　　　　　ウィ ウイ　　　　　オヨ

14 用言文「～です」「～ます」（ハムニダ体）

❶ まず、単語の基本形の最後の「다」を取る。
 감사하다（感謝する） → 감사하
 カムサハダ　　　　　　　　カムサハ
 次に、語幹の最後にパッチムがあるかどうかで、
 語幹（パッチム無／有） ＋ ㅂ니다/습니다.
　　　　　　　　　　　　　　　　　ムニダ　スムニダ

❷ 疑問「ですか？」
 ㅂ니다/습니다. → ㅂ니까/습니까?
 ムニダ　スムニダ　　　ムニッカ　スムニッカ

❸ 語幹の最後がㄹ（リウル）の場合
 語幹（最後がㄹ） → ㄹ ＋ ㅂ니다.
　　　　　　　　　　　　ル　　ムニダ

15 否定その２「～しません」

❶ 「안」を使う否定「～しません」
　　　アン
 안 ＋ 語幹（最後の母音が「ㅏ,ㅗ,ㅑ」） 아요.
 アン　　　　　　　　　　　　　　ア　オ　ヤ　　　　アヨ
 안 ＋ 語幹（最後の母音が「ㅏ,ㅗ,ㅑ」以外） 어요.
 アン　　　　　　　　　　　　　　ア　オ　ヤ　　　　　　オヨ

❷ 否定「～しません」：名詞＋하다の動詞
　　　　　　　　　　　　　　　　　　ハダ
 名詞 ＋ 하다 → 名詞 ＋ 안 ＋ 하다.
　　　　　　ハダ　　　　　　　　アン　　　ハダ

❸ 「지 않아요」を使う否定「～しません」
　　　チ　アナヨ
 語幹 ＋ 지 않아요.
　　　　　　チ　アナヨ

16 希望

❶ 希望「〜したいです」
語幹 ＋ **고 싶어요.**
　　　　　コ　シッポヨ

❷ 疑問「〜したいですか？」
語幹 ＋ **고 싶어요?**
　　　　　コ　シッポヨ

❸ 尊敬の疑問「〜されたいですか？」
語幹 ＋ **고 싶으세요?**
　　　　　コ　シップセヨ

17 「〜が好きです」

❶「〜が好きです」
名詞(パッチム 無/有) ＋ **를/을　좋아해요.**
　　　　　　　　　　　　ルル　ウル　チョアヘヨ

❷ 疑問「〜が好きですか？」
〜**를/을　좋아해요?**
　ルル　ウル　チョアヘヨ

❸「〜が嫌いです」
〜**를/을　싫어해요.**
　ルル　ウル　シロヘヨ

18 疑問詞

❶

いつ	언제 オンジェ	何(なに)	무엇 ムオッ
どこ	어디 オディ	何(なん)、いくつ	몇 ミョッ
誰	누구 ヌグ	いくら	얼마 オルマ
どのように	어떻게 オットッケ	なぜ	왜 ウェ
どんな	어떤 オットン		

❷「**무엇**」(何)は、会話では縮約した「**뭐**」の形でよく使われる。
　　　ムオッ　　　　　　　　　　　　　　ムォ

❸「**누구**」(誰)は、「誰が」というとき「**누가**」になる。
　　　ヌグ　　　　　　　　　　　　　　ヌガ

19 漢数詞

❶ 日付や値段は、漢数詞を使う。

一	二	三	四	五	六	七	八	九	十
일 イル	이 イ	삼 サム	사 サ	오 オ	육 ユク	칠 チル	팔 パル	구 ク	십 シプ

❷ 「十」「百」「千」「万」は、数字に「**십**」「**백**」「**천**」「**만**」をつける。
　　　　　　　　　　　　　　シプ　ペク　チョン　マン

❸ 疑問「〜月」
何月 → 何 ＋ 月
몇월　　**몇**　　**월**
ミョドォル　ミョッ　ウォル

20 固有数詞

❶ 「1つ」「2つ」や物を数えるとき、固有数詞を使う。

1	2	3	4	5	6	7	8	9	10
하나 ハナ	**둘** トゥル	**셋** セッ	**넷** ネッ	**다섯** タソッ	**여섯** ヨソッ	**일곱** イルゴプ	**여덟** ヨドル	**아홉** アホプ	**열** ヨル
한 ハン	**두** トゥ	**세** セ	**네** ネ						

❷ 「20」は「**스물**」ですが、単位をつけるときは「**스무**」を使う。
　　　　　　　スムル　　　　　　　　　　　　　　　　スム

❸ 「時」「時間」「歳」「個」「人」「名(様)」「回」などの単位をつけるとき、固有名詞を使う。

時	時間	歳	個	人	名(様)	回
시 シ	**시간** シガン	**살** サル	**개** ケ	**명** ミョン	**분** プン	**번** ポン

21 尊敬形

❶ 動詞や形容詞の尊敬形「〜なさいます」「お〜ます」
語幹(パッチム 無 / 有) ＋ **세요/으세요.**
　　　　　　　　　　　　　　セヨ　　ウセヨ

❷ 疑問の尊敬形「〜なさいますか？」「お〜ますか？」
動詞や形容詞(パッチム 無 / 有) ＋ **세요/으세요?**
　　　　　　　　　　　　　　　　　セヨ　　ウセヨ

❸ 禁止の尊敬形「〜なさらないでください」「〜しないでください」
語幹 ＋ **지 마세요.**
　　　　チ　マセヨ

22 尊敬語

❶ 尊敬にするとき単語を変化させるのではなく、別の尊敬語がある単語も。
드세요(召し上がります/お召し上がりください)、계세요(いらっしゃいます)、
トゥセヨ　　　　　　　　　　　　　　　　　　　　　　　　　ケセヨ
안 계세요(いらっしゃいません)
アン ゲセヨ

❷ 尊敬の意味を持つ名詞
분(方)、댁(お宅)、말씀(お言葉)、아버님(お父様)、어머님(お母様)
プン　　テク　　　マルスム　　　　アボニム　　　　　オモニム

❸ 있으세요(おありです)、계세요(いらっしゃいます)
　 イッスセヨ　　　　　　　　ケセヨ

23 過去形(ヘヨ体パッチム有)

❶ まず、単語の基本形の最後の「다」を取る。
　　　　　　　　　　　　　　　　　タ
먹다(食べる) → 먹
モクタ　　　　　モク
次に、語幹の最後にパッチムがある場合、
語幹(最後の母音が「ㅏ,ㅗ,ㅑ/ㅏ,ㅗ,ㅑ以外」) + 았어요/었어요.
　　　　　　　　　ア オ ヤ　ア オ ヤ　　　　　　　アッソヨ　オッソヨ

❷ 疑問「〜したのですか？」
動詞や形容詞(「ㅏ,ㅗ,ㅑ」「ㅏ,ㅗ,ㅑ」以外) + 았어요/었어요？
　　　　　　　ア オ ヤ　ア オ ヤ　　　　　　アッソヨ　オッソヨ

❸ 尊敬形の過去「〜されました」「〜になりました」
語幹(パッチム 無/有) + 셨어요/으셨어요.
　　　　　　　　　　　　ショッソヨ ウショッソヨ

24 過去形(ヘヨ体パッチム無)

❶ まず、単語の基本形の最後の「다」を取る。
　　　　　　　　　　　　　　　　　タ
보다(見る) → 보
ポダ　　　　　ポ
次に、「語幹」の最後にパッチムがない場合、
語幹(最後の母音が「ㅏ,ㅓ,ㅕ,ㅐ,ㅔ」) + ㅆ어요.
　　　　　　　　　ア オ ヨ エ エ　　　　　ッソヨ
語幹(最後の母音が「ㅗ,ㅜ,ㅣ,ㅚ」) → ㅘ,ㅝ,ㅕ,ㅙ + ㅆ어요.
　　　　　　　　　オ ウ イ ウェ　　　ワ ウォ ヨ ウェ　　ッソヨ

❷ 「하다」のつく動詞や形容詞の場合：「〜した」
　　 ハダ
語幹(하다) → 했어요.
　　 ハダ　　　ヘッソヨ

❸ 語幹の最後の母音が「ㅟ,ㅢ」の動詞や形容詞の場合：「〜した」
語幹(最後の母音が「ㅟ,ㅢ」) + 었어요.
　　　　　　　　　ウィ ウイ　　　オッソヨ

25 依頼

❶ まず、用言の最後の「다」を取る。먹다(食べる) → 먹
モクタ　　　　　　モク
次に、語幹の最後がパッチム有の場合、
語幹(最後の母音が「ㅏ,ㅗ,ㅑ/ㅏ,ㅗ,ㅑ」以外) + 아 주세요/어 주세요.
　　　　　　　　ア オ ヤ ア オ ヤ　　　　　ア ジュセヨ　オ ジュセヨ
語幹の最後にパッチムがない場合、
語幹(最後の母音が「ㅏ,ㅓ,ㅕ,ㅐ,ㅔ」) + 주세요.
　　　　　　　　ア オ ヨ エ エ　　　　　ジュセヨ
語幹(最後の母音が「ㅗ,ㅜ,ㅣ,ㅚ」) → 놔,워,여,돼 + 주세요.
　　　　　　　　オ ウ ウェ　　　　　ノァ ウォ ヨ ウェ　ジュセヨ

❷「하다」のつく動詞の場合
　　　　ハダ
語幹(하다) → 해 주세요.
　　　ハダ　　ヘ　ジュセヨ

❸「～(し)てください」：
語幹の最後の母音が「ㅟ,ㅢ」の動詞や形容詞の場合
　　　　　　　　　　ウィ ウイ
語幹(最後の母音が「ㅟ,ㅢ」) + 어 주세요.
　　　　　　　　　　ウィ ウイ　　　オ ジュセヨ

26 変格活用その1「ㄹ」(リウル)と「으」(ウ)

❶ 語幹の最後のパッチムが「ㄹ」(リウル)の単語の活用【ㄹ語幹】
알다(知る、わかる)、알지만(知るけれど、わかるけれど)、
アルダ　　　　　　　　アルジマン
알면(知れば、わかれば)、알아요(知ります、わかります)
アルミョン　　　　　　　アラヨ

❷「ㄹ」(リウル)の脱落
語幹の最後のパッチム「ㄹ」+「ㅅ」(シオッ)「ㅂ」(ピウプ)「ㄴ」(ニウン)終声の「ㄹ」
→語幹の最後の「ㄹ」が脱落する。

❸ 語幹の最後の母音が「으」(ウ)の単語の活用【으語幹】
쓰다(使う)、쓰지만(使うけれど)、쓰면(使えば)、써요(使います)
ッスダ　　　ッスジマン　　　　ッスミョン　　ッソヨ

27 変格活用その2「ㅂ」(ピウプ)と「ㄷ」(ティグッ)

❶ 語幹の最後のパッチムが「ㅂ」(ピウプ)の単語の活用【ㅂ変格】
어렵다(難しい)、어렵지만(難しいけれど)、
オリョプタ　　　　オリョプチマン
어려우면(難しければ)、어려워요(難しいです)
オリョウミョン　　　　オリョウォヨ

❷ 語幹の最後のパッチムが「ㄷ」(ティグッ)の単語の活用【ㄷ変格】
듣다(聞く)、듣지만(聞くけれど)、들으면(聞けば)、들어요(聞きます)
トゥッタ　　トゥッチマン　　　　トゥルミョン　　トゥロヨ

28 変格活用その3「르」(ル)と「ㅅ」(シオッ)

❶ 語幹の最後が「르」(ル)の単語の活用【르変格】
모르다(わからない)、**모르지만**(わからないけれど)、
　モルダ　　　　　　　　　モルジマン
모르면(わからなければ)、**몰라요**(わかりません)
　モルミョン　　　　　　　　モルラヨ

❷ 語幹の最後のパッチムが「ㅅ」(シオッ)の単語の活用【ㅅ変格】
낫다(治る)、**낫지만**(治るけれど)、**나으면**(治れば)、**나아요**(治ります)
　ナッタ　　　　ナッチマン　　　　　　ナウミョン　　　　　ナアヨ

29 発音変化その1

❶ 「ㅂ」「ㄷ」「ㄱ」「ㅈ」は、語中では濁らせる。

❷ パッチムの後に母音が来れば、つなげて発音。

❸ 2つのパッチムは片方だけを発音。ただし、パッチム2つの後に母音が来たとき、右のパッチムを次の「ㅇ」とつなげて発音。

❹ [p] [t] [k]の発音の後の「ㅂ」「ㄷ」「ㄱ」「ㅈ」「ㅅ」は、息をほとんど出さずに発音。

30 発音変化その2

❶ [p] [t] [k]の後に「ㅁ」「ㄴ」が来ると、鼻に抜ける音に変化。

❷ 「ㅁ」「ㄴ」「ㅇ」「ㄹ」の後に「ㅎ」が来ると、「ㅎ」を弱く発音。

❸ 平音と「ㅎ」が隣り合わせになると、息を激しく出す音に変化。

❹ 「ㄴ」と「ㄹ」が並ぶと、「ㄴ」は「ㄹ」で発音。

著者プロフィール

山崎玲美奈(やまざき・れみな)
東海大学、和洋女子大学、早稲田大学非常勤講師。学習者視点に立った初級文法の授業に定評がある。翻訳や通訳にも従事。

だいたいで楽しい韓国語入門　使える文法
<ruby>たの</ruby> <ruby>かんこくごにゅうもん</ruby>

2014年6月30日　第1刷発行
2018年7月20日　第2刷発行

著　者　山崎玲美奈
発行者　前田俊秀
発行所　株式会社 三修社
　　　　〒150-0001　東京都渋谷区神宮前2-2-22
　　　　TEL03-3405-4511　FAX03-3405-4522
　　　　http://www.sanshusha.co.jp
　　　　振替00190-9-72758
　　　　　編集担当　安田 美佳子
印刷所　倉敷印刷株式会社
CD製作　株式会社メディアスタイリスト

©Remina Yamazaki 2014 Printed in Japan
ISBN978-4-384-04593-2 C1087

[JCOPY] 〈出版者著作権管理機構 委託出版物〉
本書の無断複製は著作権法上での例外を除き禁じられています。複製される場合は、そのつど事前に、出版者著作権管理機構（電話 03-3513-6969 FAX 03-3513-6979 e-mail: info@jcopy.or.jp）の許諾を得てください。

イラスト：七海らっこ
本文デザイン：スペースワイ
カバーデザイン：白畠かおり